中国艺术家年鉴

杜觉民 卷

文化艺术出版社
Culture and Art Publishing House

图书在版编目（CIP）数据

中国艺术家年鉴.杜觉民卷/陈子游主编.—北京：
文化艺术出版社，2024.4
　ISBN 978-7-5039-7537-0

Ⅰ.①中… Ⅱ.①陈… Ⅲ.①杜觉民－人物研究
Ⅳ.①K825.72

中国国家版本馆CIP数据核字（2023）第237961号

学术编委	潘公凯	许 江	易 英	范迪安	陈传席
	殷双喜	张子康	余 丁	陈子游	金 燕

中国艺术家年鉴·杜觉民　卷
ZHONGGUO YISHUJIA NIANJIAN · DUJUEMIN　JUAN

监　　制	画友会馆
总　　编	易　英
主　　编	陈子游
副 主 编	陆　虹　陈元幸子
策　　划	大观书巢
特约编辑	吴士新
责任编辑	赵　月
责任校对	董　斌
书籍设计	陈　旭
出版发行	文化藝術出版社
地　　址	北京市东城区东四八条52号　（100700）
网　　址	www.caaph.com
电子邮箱	s@caaph.com
电　　话	（010）84057666（总编室）　84057667（办公室）
	84057696—84057699（发行部）
传　　真	（010）84057660（总编室）　84057670（办公室）
	84057690（发行部）
经　　销	新华书店
印　　刷	北京金彩印刷有限公司
版　　次	2024年4月第1版
印　　次	2024年4月第1次印刷
开　　本	889毫米×1194毫米　1/16
印　　张	18.5
字　　数	30千字
图　　片	410幅
书　　号	ISBN 978-7-5039-7537-0
定　　价	358.00元

版权所有，侵权必究。如有印装错误，随时调换。

旧痕　纸本水墨　180cm×1800cm　1995

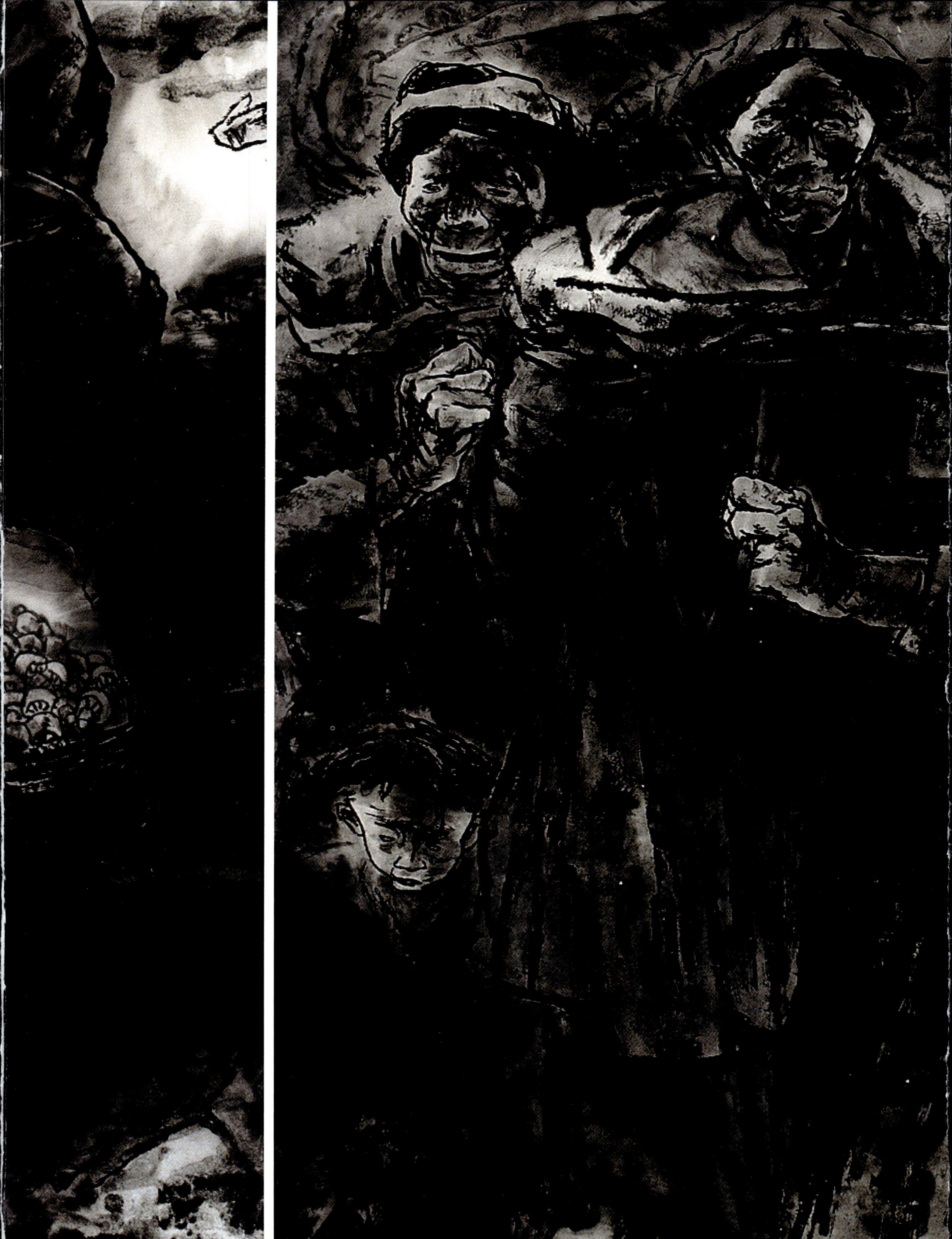

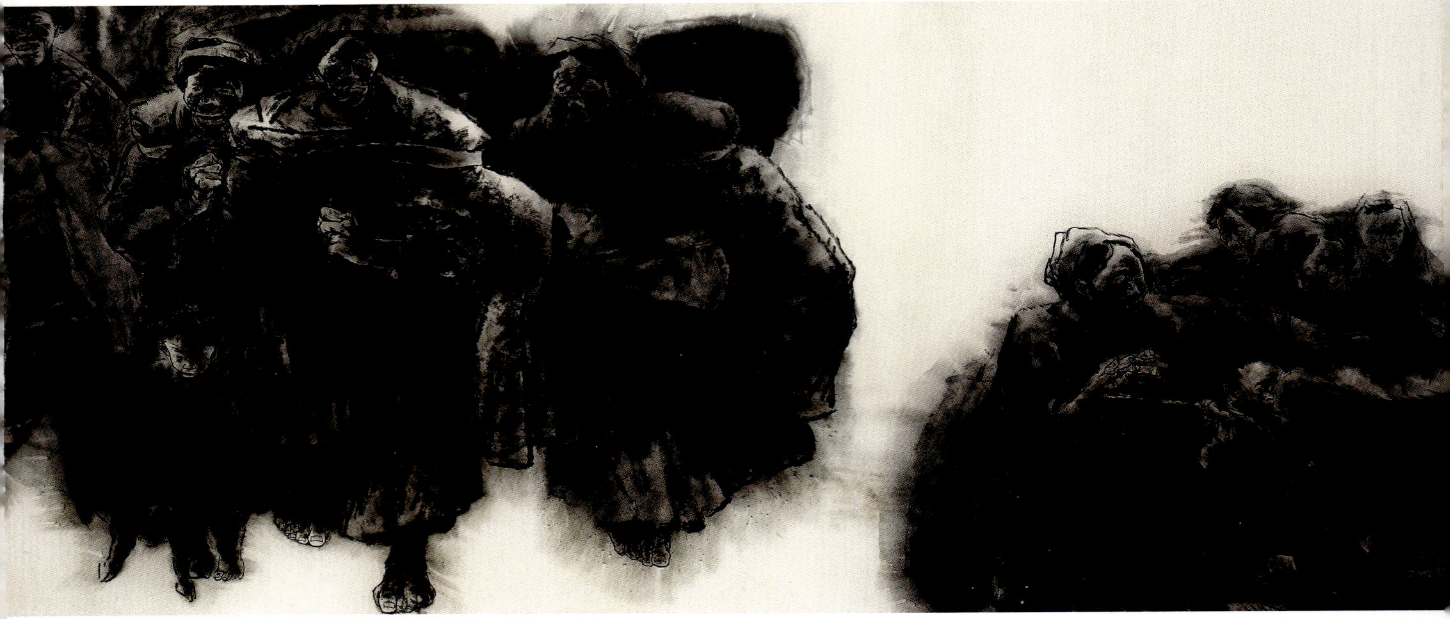

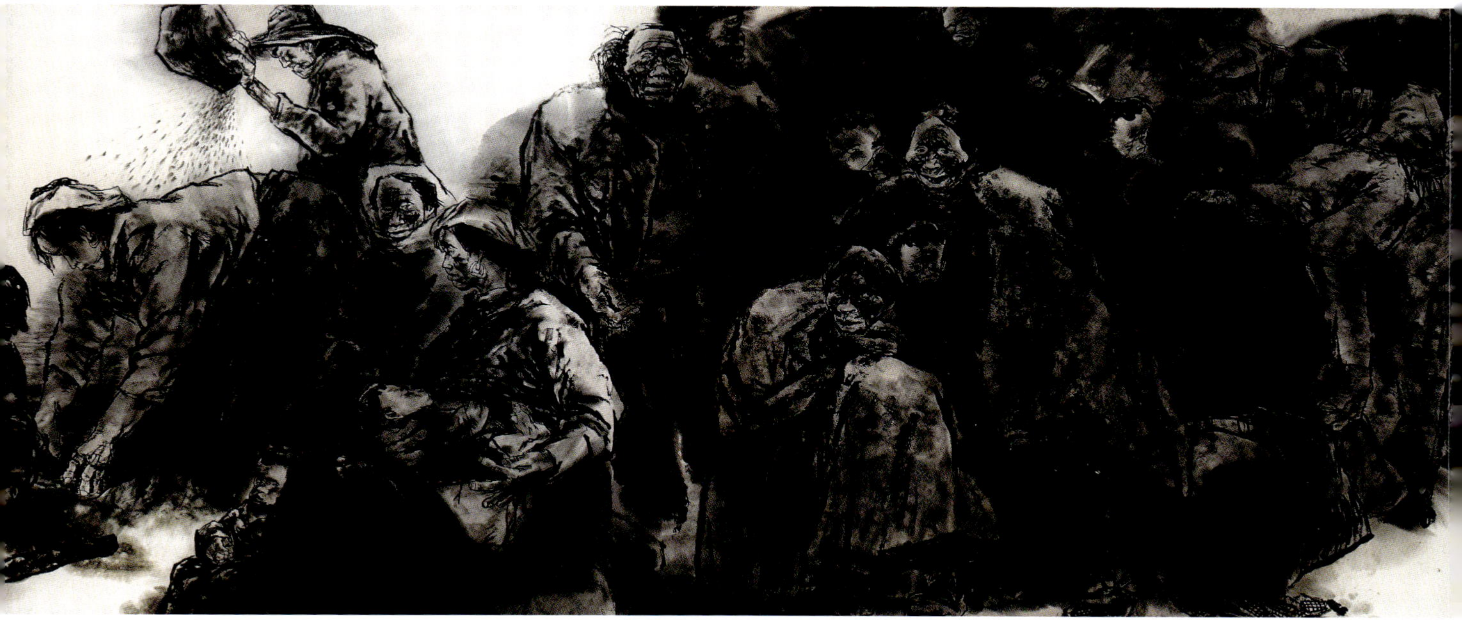

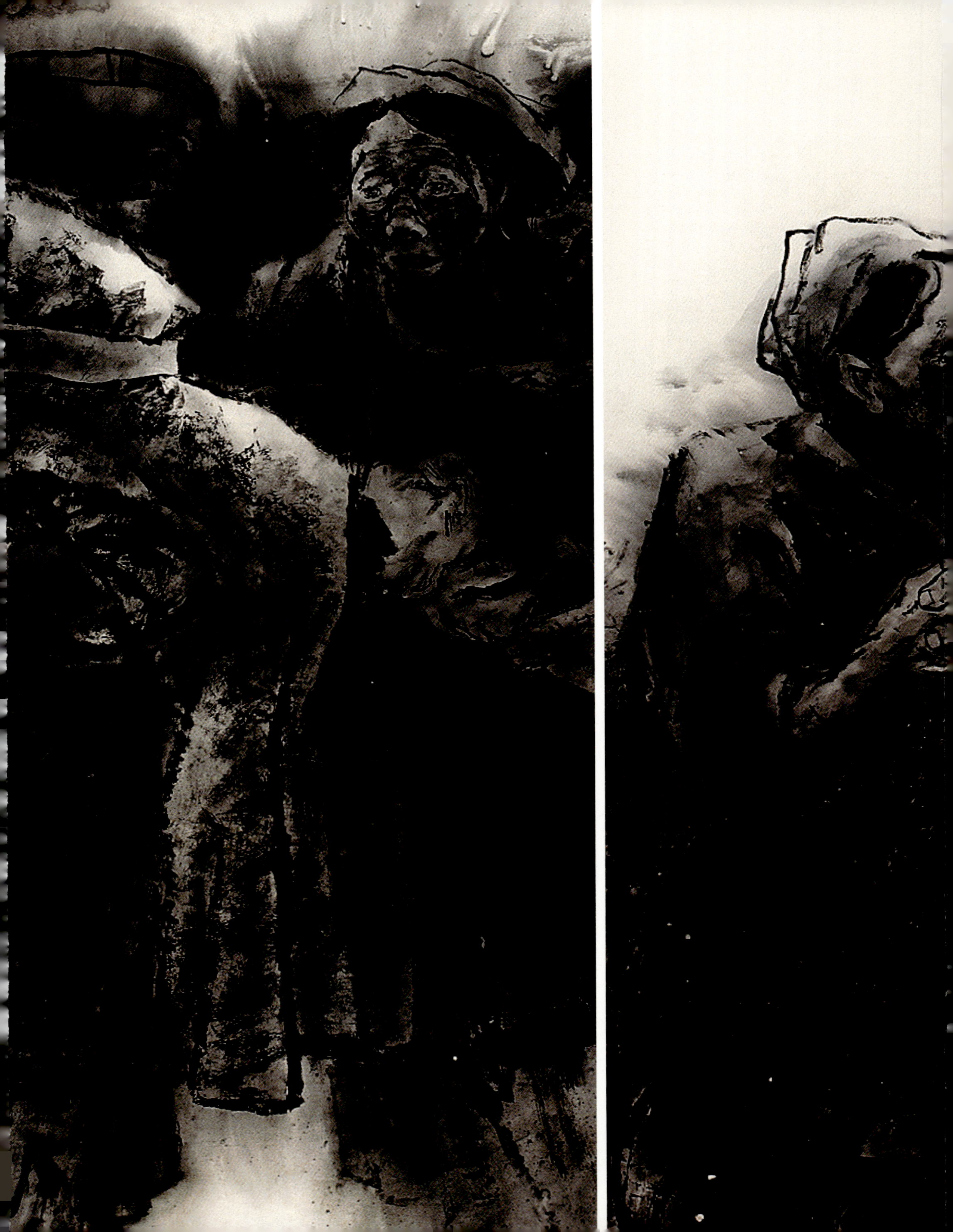

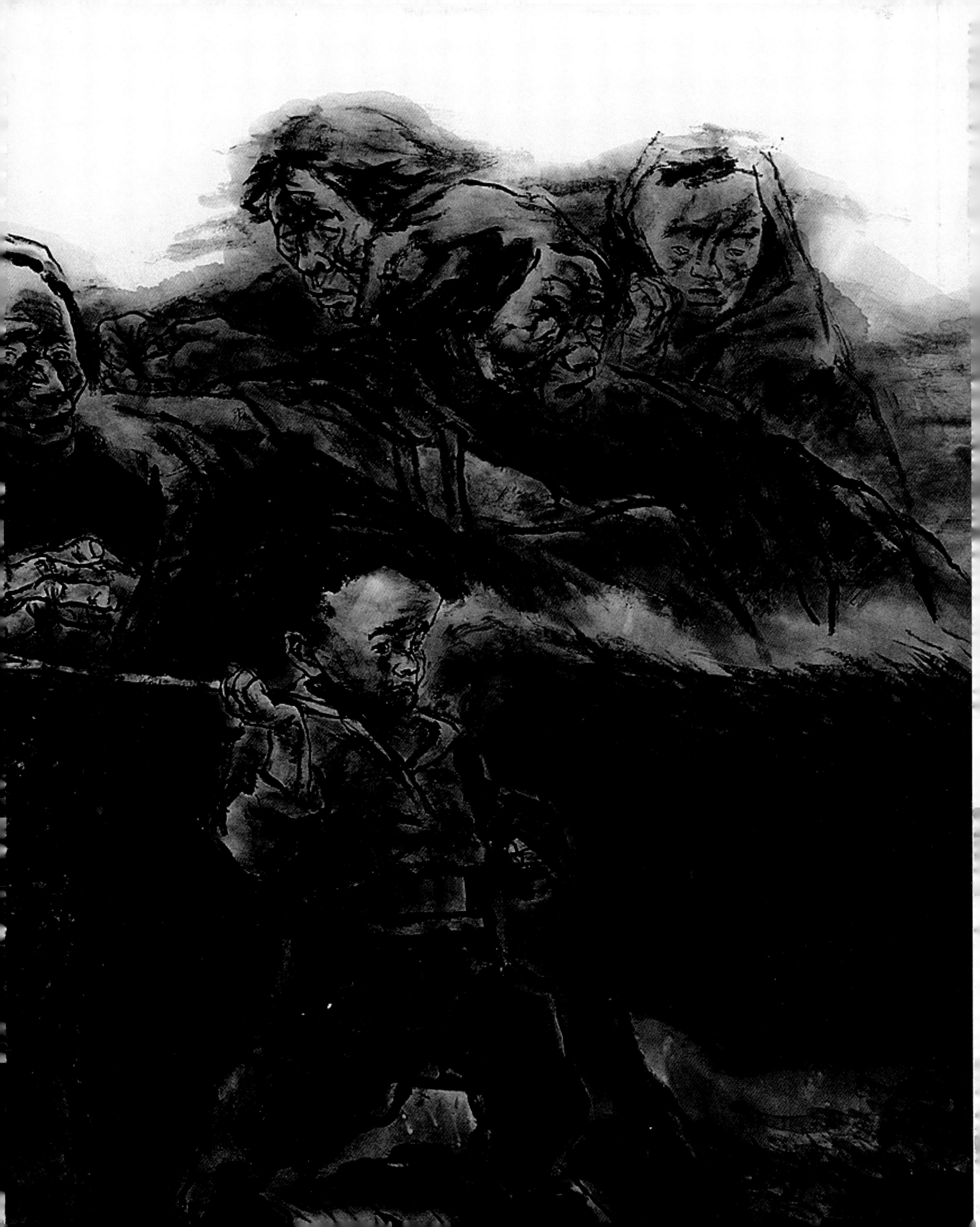

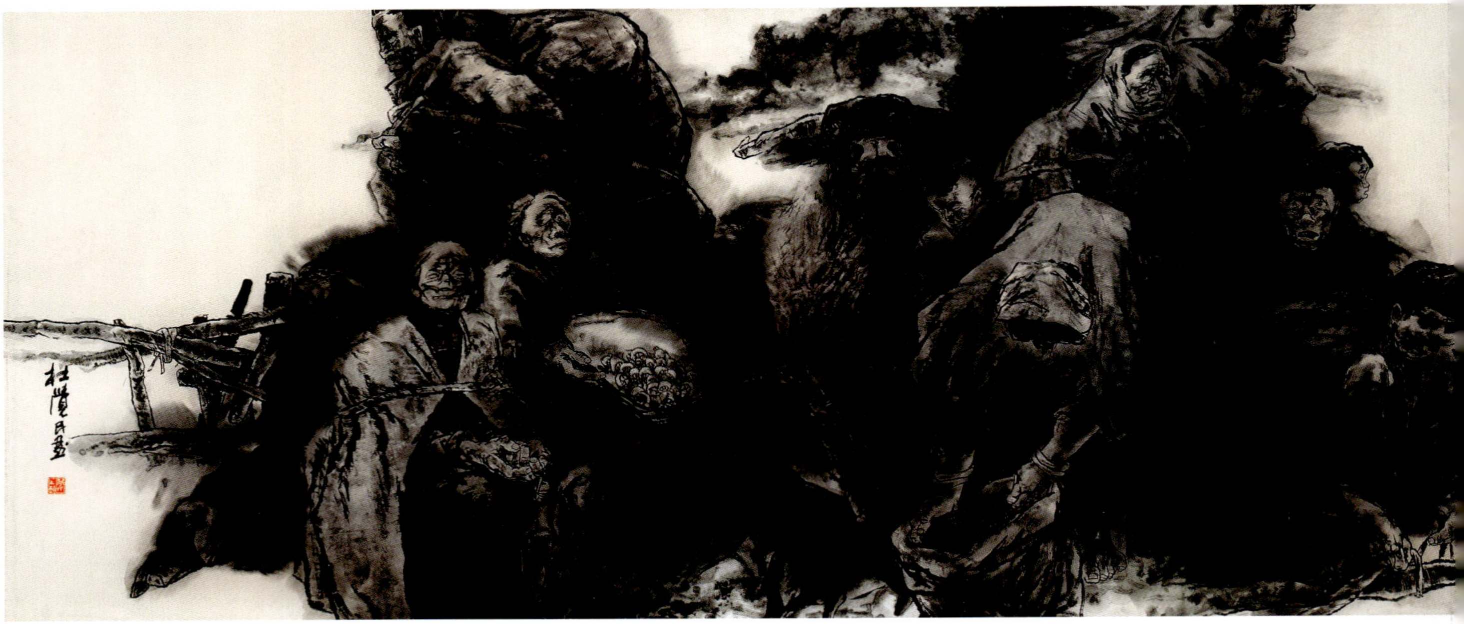

目录

- 学术推荐 \ I
- 序 \ II
- 艺术家简介 \ III
- 倒映 \ IV
- 朴 \ 1
- 趣 \ 135
- 逸 \ 159
- 格 \ 205
- 隐 \ 235
- 出版著作 \ 256
- 求学履历 \ 258

学术推荐

　　杜觉民努力地用传统笔墨来表现一个现实的内容，而这个现实内容，并不是现实，或者是一个现实人物，你看他画的很多人物都是变形的。我们去研究当代水墨画的时候，着重形与笔墨的关系。他的笔墨是传统的、浑厚的，而这个形象是错位的，就使得笔墨保持独立性，形象又可以依赖于笔墨表现出来，我觉得他在这方面处理得比较合理。

　　他的那些形象画得都比较"丑"，这些"丑"就显得很深刻，感觉承载了很多压力和苦难的经历，好像和人性联系得比较密切，他的笔墨强调自身的表现力，他很少采用颜色，他的笔墨层次是比较重的，这样，使他的精神性更加有力地结合在一起，从他的作品中可以感到一种深刻。

——易英

序

前一段时间有两件事让我颇有感触：一是中央电视台第10套节目播出的关于中国远征军的纪录片，以中国远征军后人间的交往和他们对远征军资料收集过程为线索，其讲述让人感动。而收集这些鲜为人知的史料的难度亦是可想而知的，其中仅仅因为几幅照片，当事人就要数次远赴美国，与当时援华美军的家属和子女查实求证，搜集的过程实在不容易，因此资料成片委实弥足珍贵。历史的真相往往令后人遥不可及，重述这些鲜活的历史场景更显困难。二是通过朋友买到两本书——《碎片化的历史学——从〈年鉴〉到"新史学"》[1]和《法国史学革命：年鉴学派，1929—1989》[2]，使我了解到20世纪西方史学界年鉴学派的建立和发展历史。第一代吕西安·费弗尔和马克·布洛赫，第二代布罗代尔，第三代安德烈·比埃尔吉尔和雅克·雷维尔、弗兰索瓦·费雷等，这些年鉴学派发展过程中的主要代表人物在史学研究领域做出了伟大贡献。在该学派长达60年的发展过程中，他们一直倡导通过跨学科合作创立新史学的研究方法，并追求建立历史心理学之目标，在他们的努力下，历史学、社会学、经济学、地理学、考古学、政治学等各学科之间的壁垒得以打破。同时通过年鉴方法研究，主张分析社会势力与个人感情（吕西安·费弗尔），提倡跨学科的思考方法（马克·布洛赫），主张开放的学术观，通过心理史、新经济史、民间文化史、象征人类学的研究来推动政治史的发展（弗兰索瓦·费雷），重建史学研究方法，打通社会史与文化史。通过重新启用、界定"集体表象"这一概念，克服社会史与文化史之间的隔阂与局限，加强对"心态工具"的研究（罗杰·夏蒂埃），这些新的研究方法和思维角度逐渐形成了年鉴学派研究的核心价值，亦使其成为世纪史学的研究主流。这使我想到面对当下、面对艺术和艺术研究，我们如何借鉴与运用前人的研究成果来审视我们所处的时代和个体生命，这是值得思索的一个课题。更重要的是，在当代，我们的记录手段已经变得立体和多元，因为我们可以毫不费力地借助录音、影像、图片等媒体让我们这个时代可以更为"全面""多样"地保留下来。像齐白石、黄宾虹、李可染他们那个年代，留给今世的人文资料也是相当稀缺的，尤其影像资料。所以在注重个体生命、个体艺术价值的前提下，我们以事实为基础，推出《中国艺术家年鉴》系列丛书。丛书主要侧重艺术家个体艺术状态的研究，以同步研究为理念，长时间对艺术家的生活与艺术创作进行多方位的渐进投入式记录。采用语言叙述、文本整理、图片归纳、影像拍摄、学理研究、创作过程跟踪、出版推荐等手段,在不同时间和空间内感知艺术家个体生命的鲜活与本真,让艺术家的生命本体绽放光芒。主编这套系列丛书的目的就是在尊重个体价值的基础上,为我们的时代艺术在将来的历史写作上保留一些最基本的材料和有益的参考。

"年鉴"之于中国历史的叙述方式并非全无根据,编年体就是重要的历史写作方式之一,而《宋史·艺文志》更有"年鉴"一卷(已遗失)。我们可以简单地把"年鉴"看成一种编年体,在事物发展的过程中,做朴素的材料整理与记录。

当下,不同文化艺术门类的融通、碰撞显而易见,而尊重多元化和价值共同体的构建却更应互为依托。因此,在《中国艺术家年鉴》系列丛书的编辑工作中,我们会逐渐邀请一些具有不同文化和教育背景的艺术家,通过不同的艺术语言,在我们共同所处的"大时代"的定义下,以个体经验为蓝本,缔结出最为广义的文化认同。

少言多行应该是我们完成工作最有效的方式。

是为序。

陈子游

2010年12月6日

注释

① [法]弗朗索瓦·多斯:《碎片化的历史学——从〈年鉴〉到"新史学"》,马胜利译,北京大学出版社2008年版。

② [英]彼得·伯克:《法国史学革命:年鉴学派,1929—1989》,刘永华译,北京大学出版社2006年版。

艺术家简介

杜觉民,浙江杭州人,当代水墨画家,国家一级美术师。中央美术学院首届中国画博士,2007年获中国画实践类博士学位,并留校任教。现为中央美术学院教授,中国人民大学艺术学院杜觉民工作室高研班导师,西印度群岛大学(The University of the West Indies)客座教授,内蒙古师范大学美术学院兼职教授,萧山画院院长、林芝画院名誉院长,浙江画院特聘画师,西泠书画院特聘画师,江南画院特聘画师,杭州美术家协会理事,浙江省人物画研究会理事兼秘书长,中国美术家协会会员。先后在法国、牙买加、新加坡、日本等国家及中国各大城市举办个人画展。

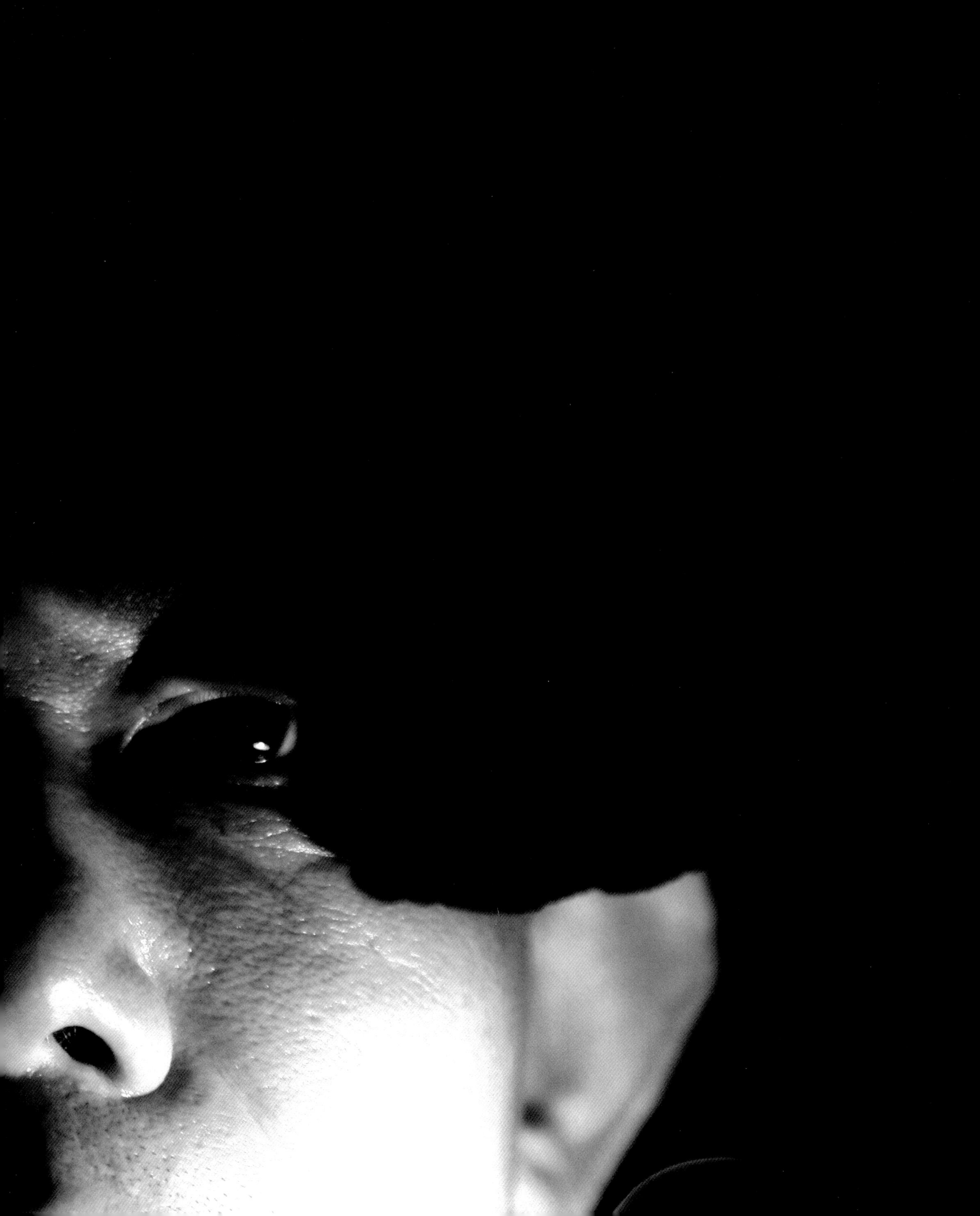

倒 映

文／杜觉民

  当所有的童年幻想破灭之后，头顶上隐约飘过一片孤云，让我暂避那刺眼的、炙热的阳光。

  随着渐渐成熟才明白，曾经有无数孤云，犹如许许多多散落的孤独灵魂，凝结成团团白雾，在历史时空中飘浮！回视当下，一些切肤的体现，早已在众多先师身上应验。今天，用笔去揭开尘封已久的内心体验，一切语言都会苍白失色……

  元代的倪瓒（云林），一位遭遇强烈压抑的文人，在枯竭的失意经验中，去寻找艺术和文学给予灵魂的滋润，兼及古琴旧鼎，考据收藏。本来只是把文艺作为心灵慰藉的养料，结果却异化出拒绝嚣烟俗尘的另一种升华！于是，把百万家产一散而空，在太湖深处的芦苇丛中销声隐遁！

  一纸虚灵，滴落笔纸墨痕，记录着倪瓒的心迹思绪，他用枯笔干墨，用沉心孤想，用冷眼清思，倾注所有的内心情绪，把对世界的绝意失望涂抹出一缕清高冷逸的精神境界！如寒夜月色，如岩顶松风，令人感叹唏嘘……

  清冷孤寂的几棵大树伫立在虚空中，仿佛仰望着无情的星月，静心默语，轻笔淡痕，似漫不经心，慢慢穿越你的心灵深处，周身浸入清澈见底的冰凉泉水。冷冷月光下，一片寂静，在静水凉月的倒影中，仿佛看到倪瓒收回对尘世不屑的轻蔑目光，以及渐渐消失在晨星雾气中的背影……

  这是用多年浸润的文化修养，过滤了虚假的社会，也过滤了被功利世俗污染之后的人心。用灵魂深处不可侵犯的人性尊严，在纸上倾吐出一声轻轻的哀叹，这看似悠闲却充满着生命庄严的长长叹息，至今令人感到彻骨的寒气。

  明朝的徐渭，以狂傲不羁的笔墨，抛向宣纸，抛向空白，在湿淋淋的墨气中，渲染着对当时社会的失望，吐出内心抑郁已久的沉痛，吐出《雪压荷花图》的"六月雪"，在那沉甸甸的墨色中，聚集着他对世间的所有不满，当满腔治国平天下的壮志雄心被消解，被"闲抛闲掷野藤中"时，转而变成对世事不平的愤慨。似在沉沉黑夜里，激情火石迸发出闪亮的火花！

  事实上，这颗"明珠"不光被抛向野藤，甚至被抛向监狱。然而他神经质的狂放笔墨，仿佛一个狂人扑向钢琴，忘我地弹奏，尽管不合曲谱，但倾泻在空间的音响，满溢着压抑已久的愤怒，那爆炸式的放纵，令谁都不能无动于衷。那彻夜难眠与泪流满面，同时侵入我们的性灵！

  清朝的朱耷，将自己的落款"八大山人"连缀成"哭之""笑之"。这位出生于明朝的宗室王孙，在清朝夺取政权之后，削发为僧，他在门上书写一"哑"字，每有人与之对话，不发一语，或哭或笑。面对沉沉黑夜，面对旷野枯灯，面对绝望的生命，只能向宣纸倾诉内心的独白清泪,在空山野岭之下,孤影残月,内心的暴雨飓风在理性的控制下,渐化成伸向天边的静寂。

在荒凉的灵魂中释放着灵魂的荒凉,一片孤云,飘向宇宙的边缘。明知遮不住却仍渴望遮蔽烈阳!厚重的笔墨中和着绝望、和着悲伤、和着苦涩,也和着绝望后的愤怒。揉碎的人性在极权铁掌下慢慢渗出,苦墨涩笔在宣纸上艰难地移动,汇集在古纸上是精神深处郁涩不平之气。似月夜狼嗥……不!不!是在哭又没哭出来的瞬间被凝固,令人揪心……

但这不是全部,那宣纸背后透出的还有用高文化、高修养、高品位重新洗涤之后的超然。穿透浓重黑夜难以封锁的另一缕阳光。这是把抑郁涩愤之气升腾成神圣精神之光的超脱修炼,是中国文人特有的内修之道,是以对文化艺术的理解浸润来稀释、融化现实世界的痛苦,从前进改为转身,从入世改为出世,从求功名化解成为隐逸!

这在无奈和绝望中徘徊已久的艺术意蕴,或许就是中国文人的内在风骨。在触碰的瞬间会令人感到一种超乎意料且扣人心弦的精神冲击!

其实,超越时代的文人画家远不止这几位,还有把皇帝赠送的金带高悬转身而去的梁楷;在黄山深处拒不出山,甘愿清贫与孤灯相伴的梅清;在富春江畔绝意功名,时而垂钓时而握笔写生的黄公望;以口水舔笔,意境中弥漫着阵阵冷气的渐江和尚;慢慢折断手中的秃笔,以残道人自称的髡残……

就是这片片孤云重叠的薄薄云层,透泻了对精神的探求,展现了极大的人格力量,交织成艺术进化的深邃动力!遥望着这片片孤云,令我们肃然无语!透过泪眼充满崇敬!在内心构建了另一片神圣的净土,清洗着来自凡俗的污泥杂土……

然而,这渐渐消逝的孤云在今天是否已无影无踪?今天,已无后追的脚步?真的空无一人?

在无数凄冷寂寞的漫漫长夜里,窗外星月隐隐闪烁着先师深邃的目光,这永远难忘的目光,驱使我们在先师的足迹中,踏入。透过大师足迹的层层尘土,我们仍能感到那脚印中的温热。作为后来的追随者,或许吸进去的是往昔大师呼出的气息。他们融化的眼泪,凝注在我们的内心,似宣纸的渗化,力透纸背。

或许,那是一支烛光点燃另一支烛光!一棵树摇动另一棵树!一片孤云推动另一片孤云!一颗灵魂唤醒另一颗灵魂……艺术,犹如人性的倒映,犹如生命之梦境!

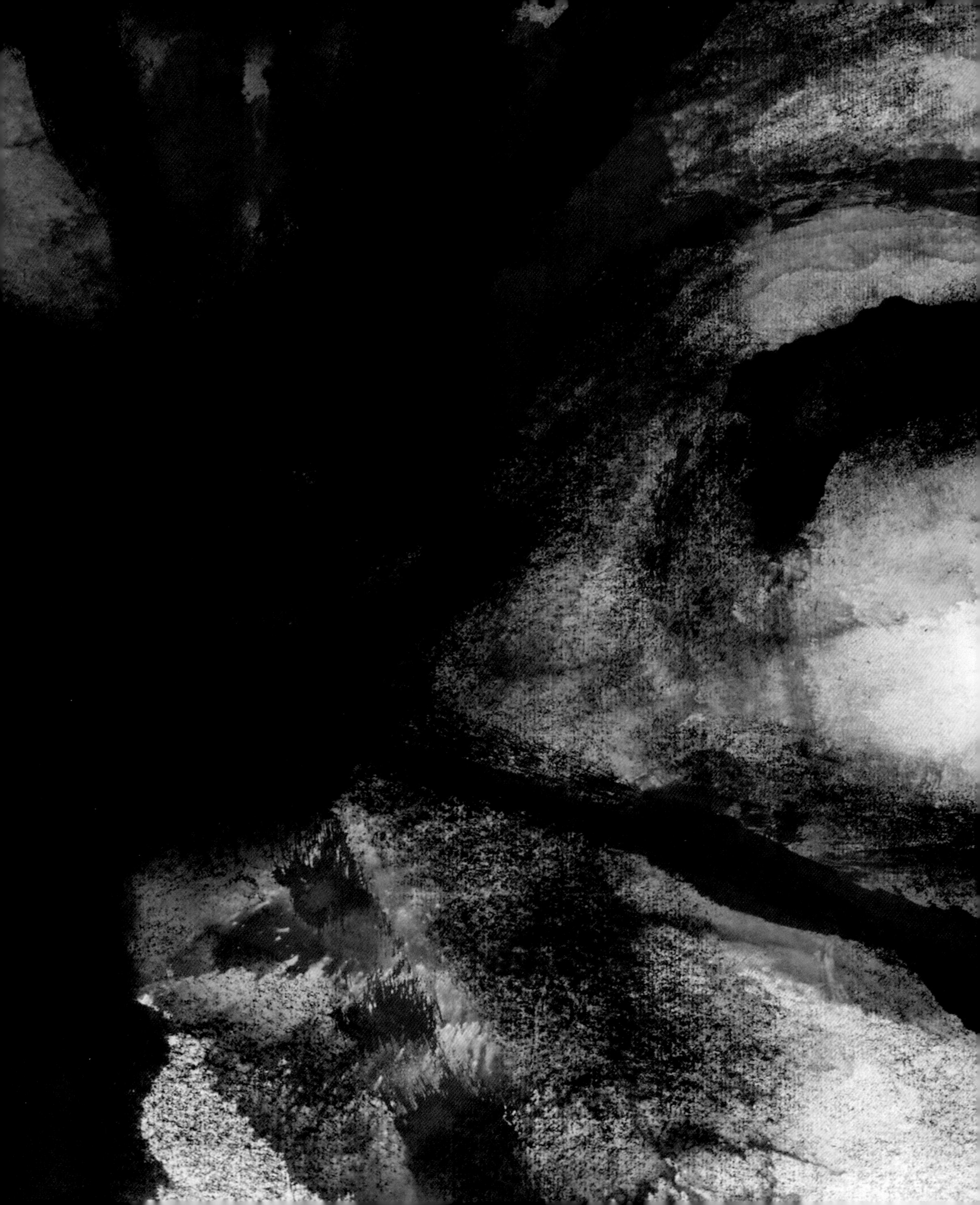

朴

雾　纸本设色　180cm×90cm　1997

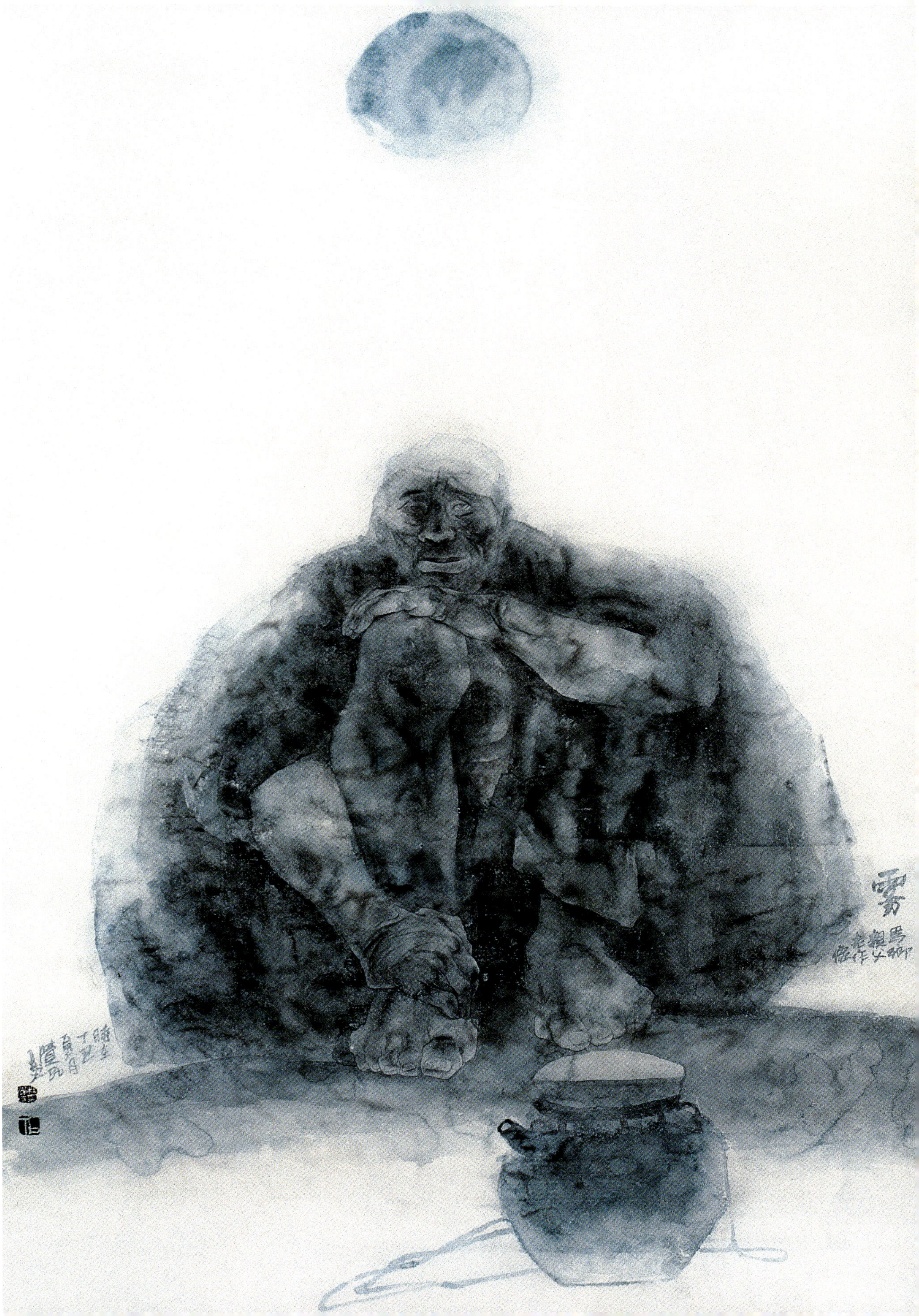
雾

晨曦　纸本设色　200cm×180cm　1999

晨曦

老父率子而作 觉民

七贤图　纸本设色　178cm×178cm　2000

七賢圖

遙望山上松,隆谷鬱青葱。自遇一何高,獨立迥無雙。願想游其下,蹊路絕不通。王喬棄我去,乘雲駕六龍。飄飖戲玄圃,黃老路相逢。 垂釣自然道,曠若發童蒙。采藥鍾山隅,服食改姿容。蟬蛻棄穢累,結友家板桐。臨觴奏九韶,雅歌何邕邕。長與俗人別,誰能睹其蹤。

旧痕（素描）局部

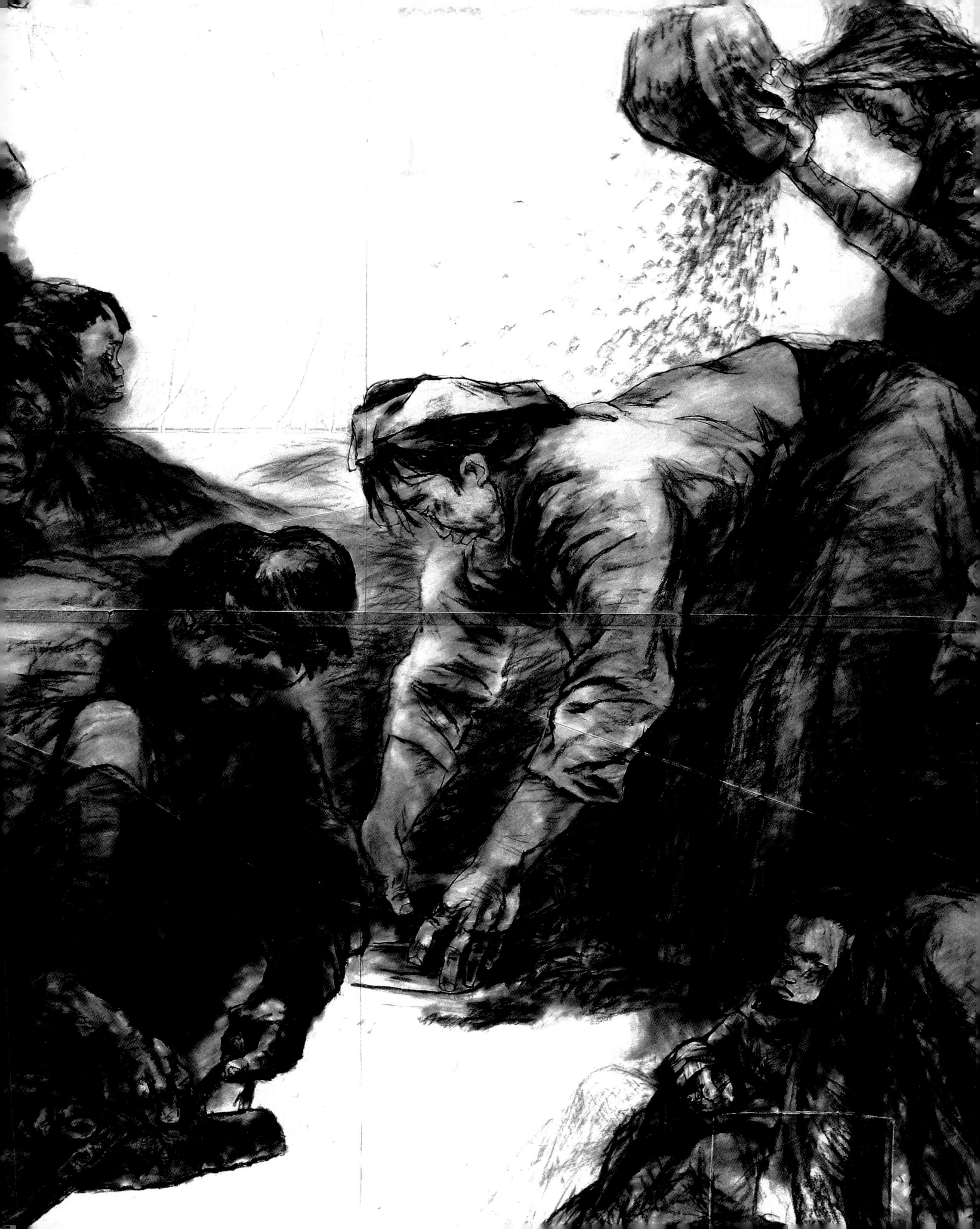

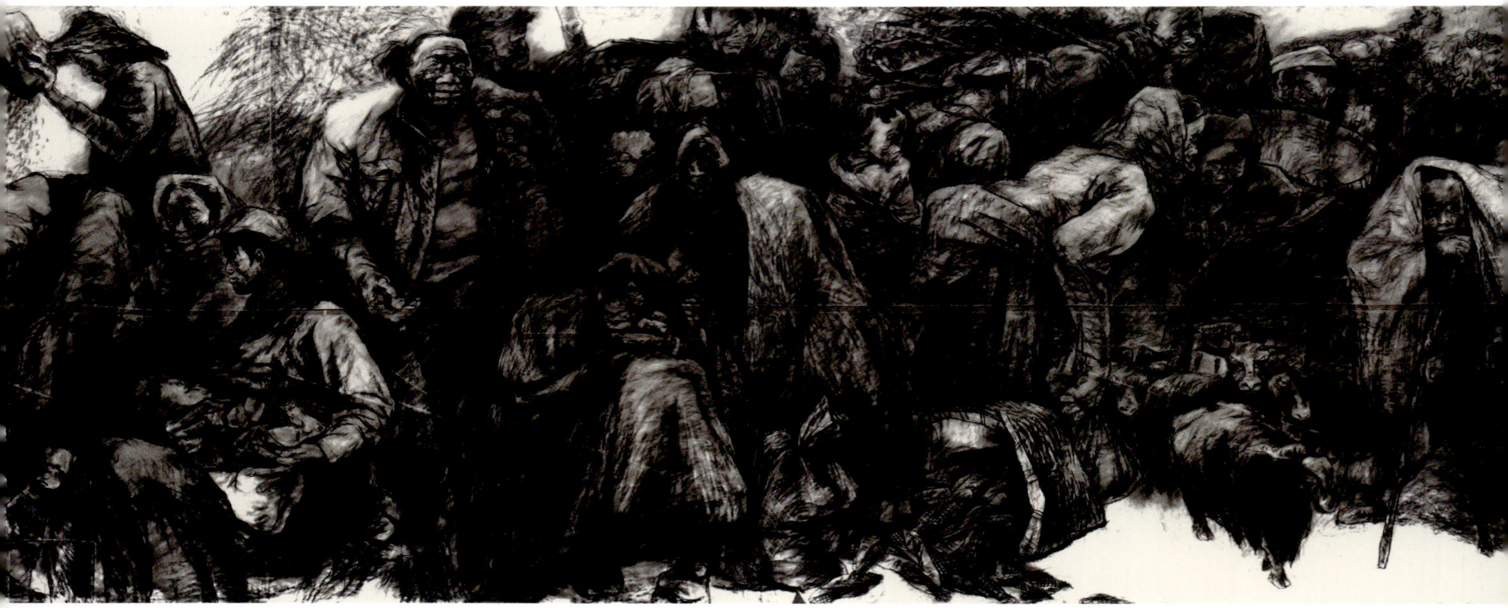

旧痕（素描）　纸本炭精条　180cm×1800cm　1994

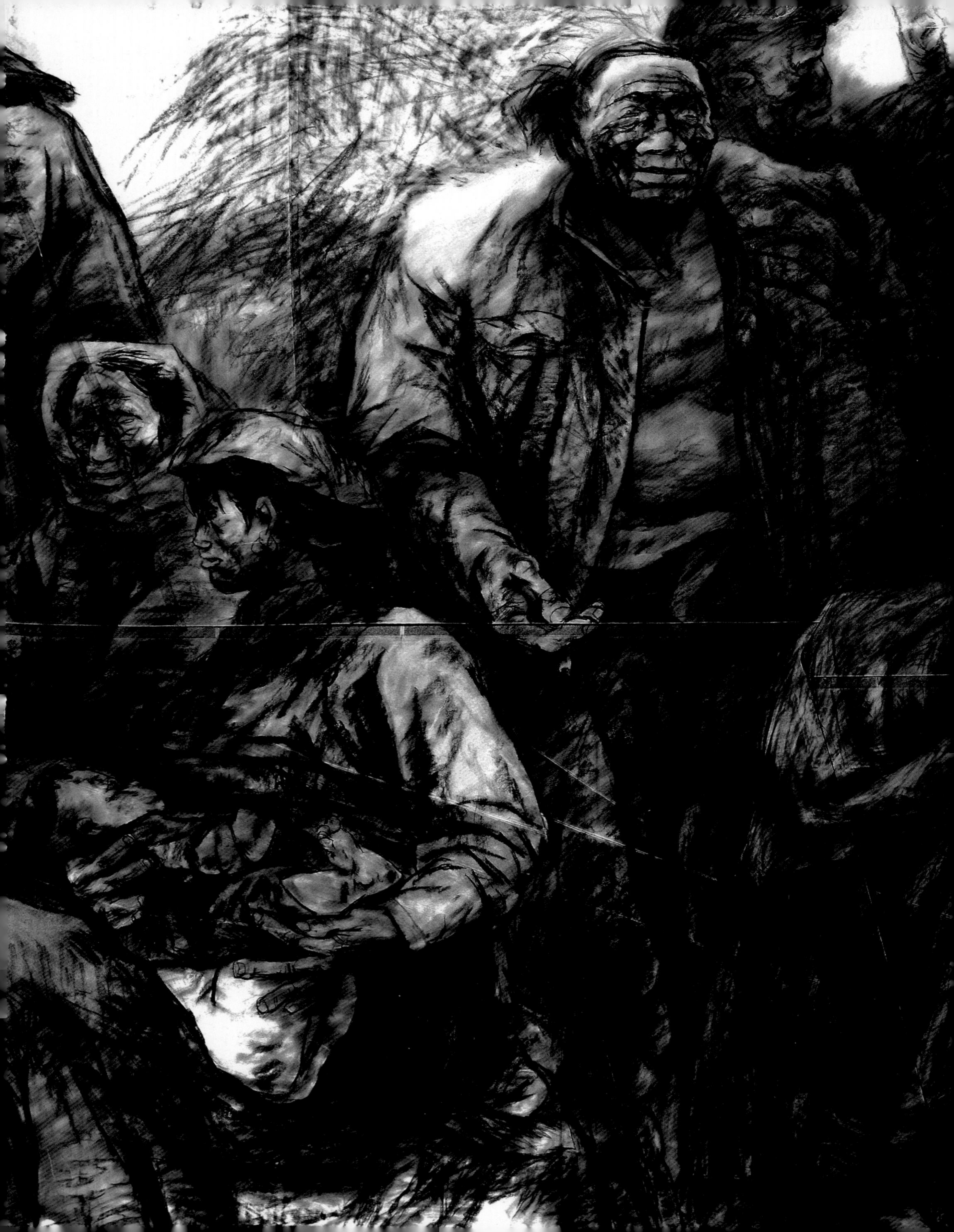

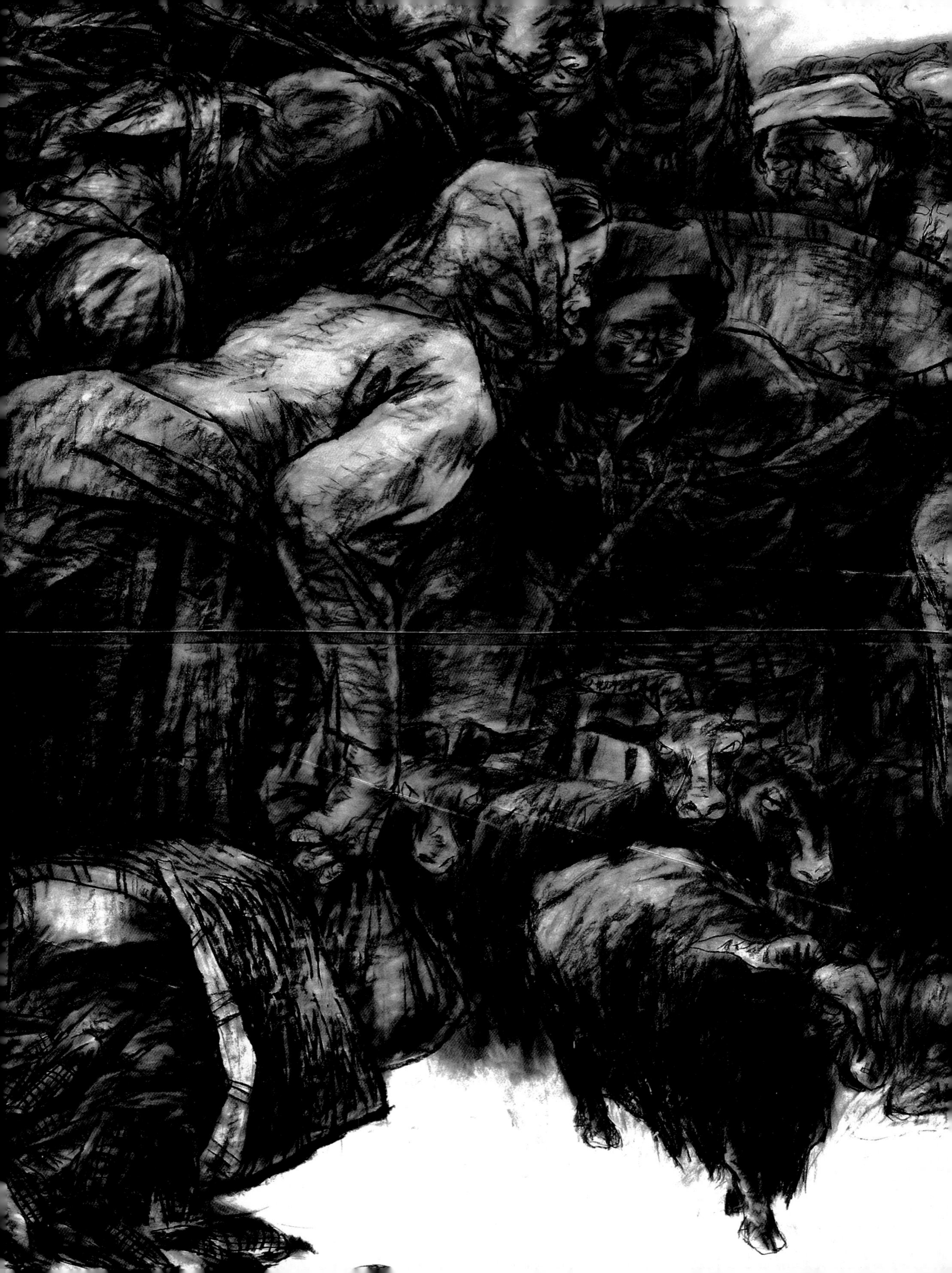

旧痕（素描）现场

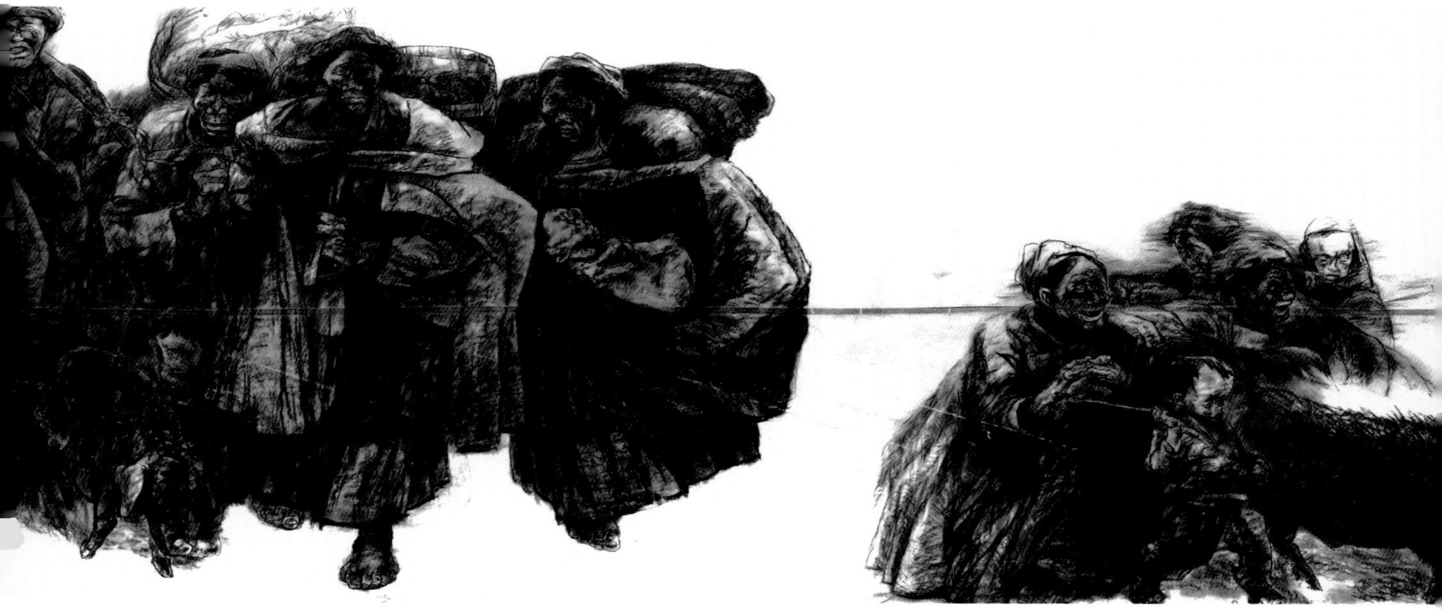

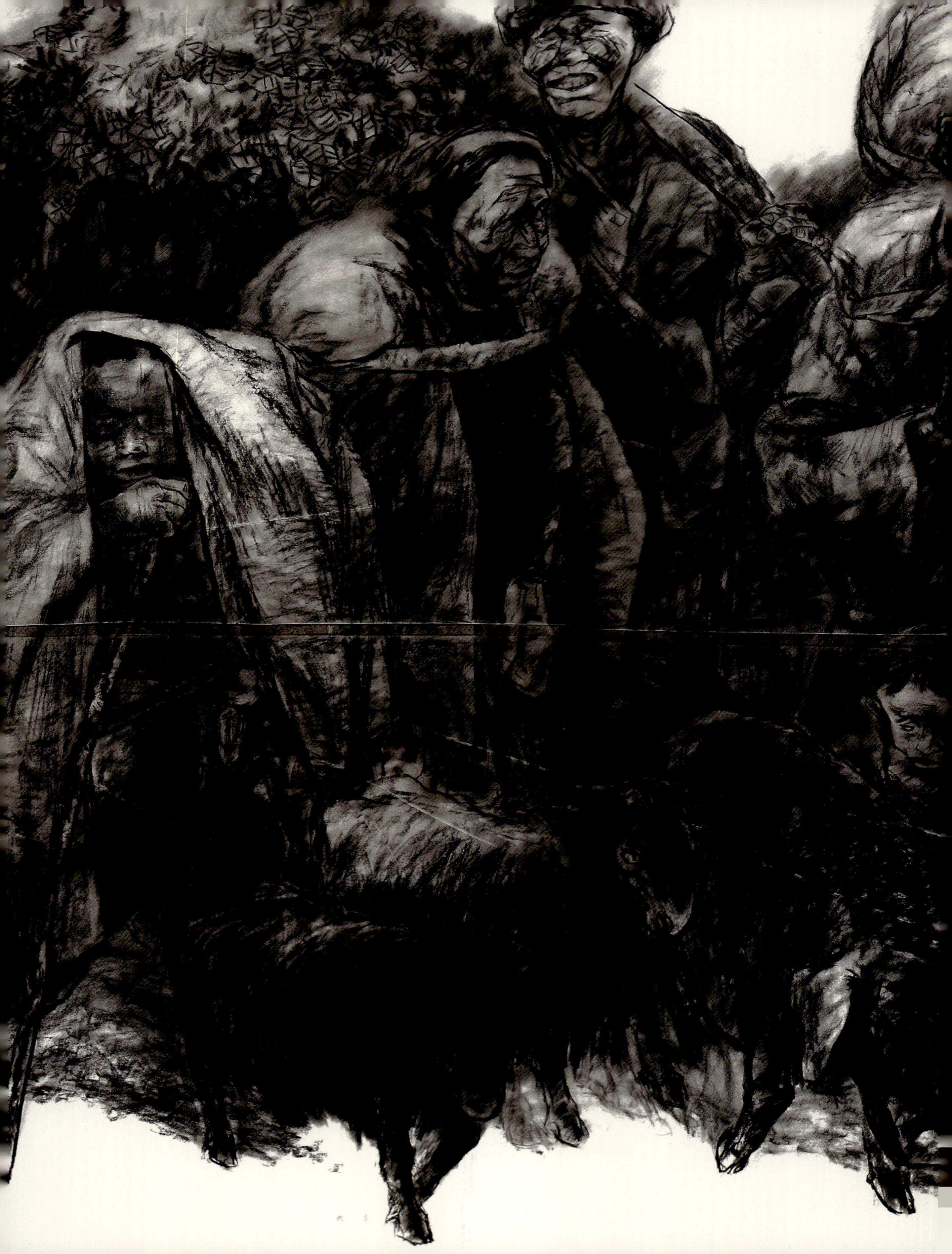

旧痕（素描）局部

甲申年 晖

小本生意　纸本设色　90cm×122cm　2004

晚秋图　纸本设色　180cm×95cm　1997

晚秋图 八旬老人因年青奋斗光荣而今日幸福先生的退休工人也能遛鸟下棋听曲品茶深感欣慰愿天下老一辈都能安度晚年

头像系列 纸本设色 45cm×42cm 1997

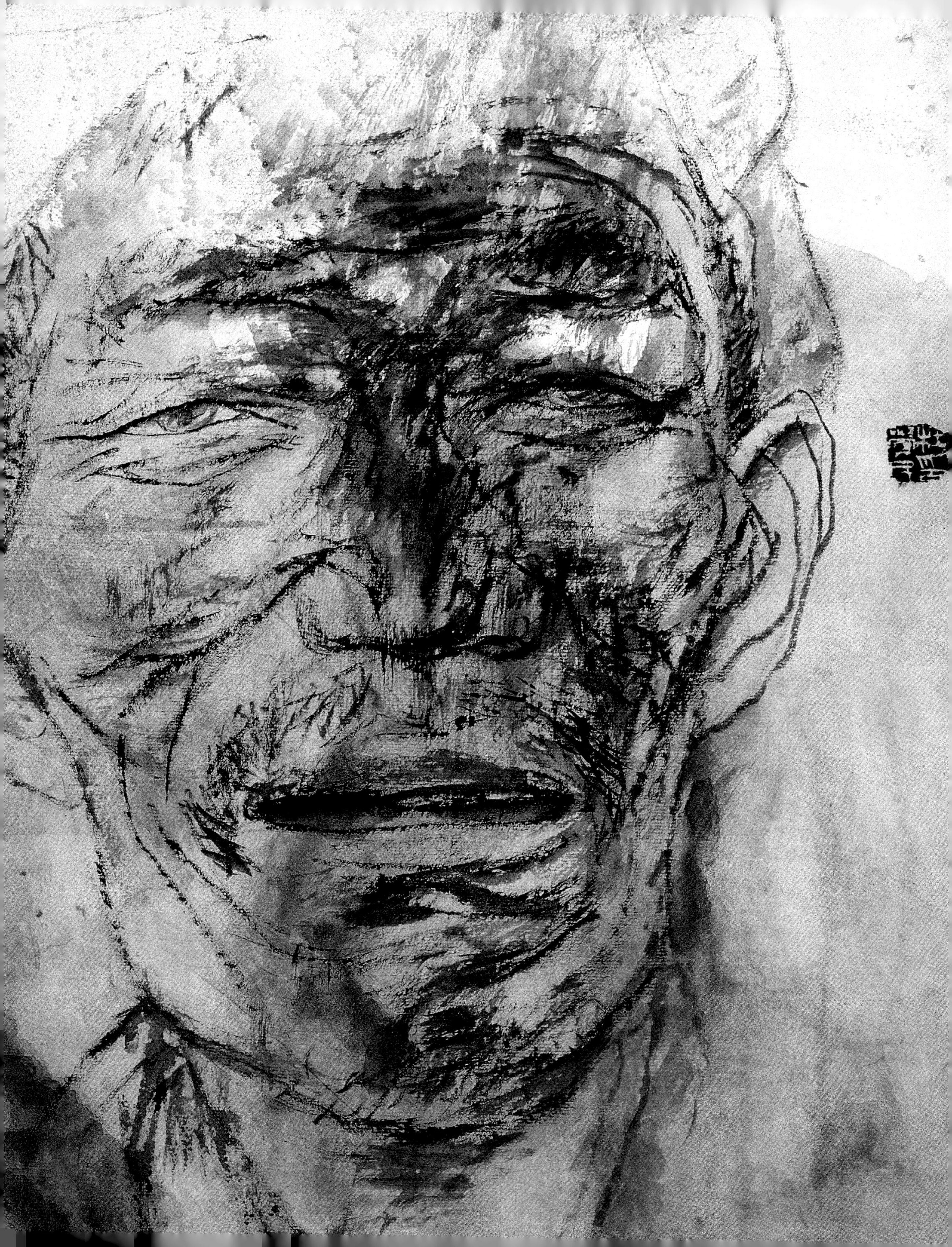

头像系列　纸本设色　50cm×45cm　1997

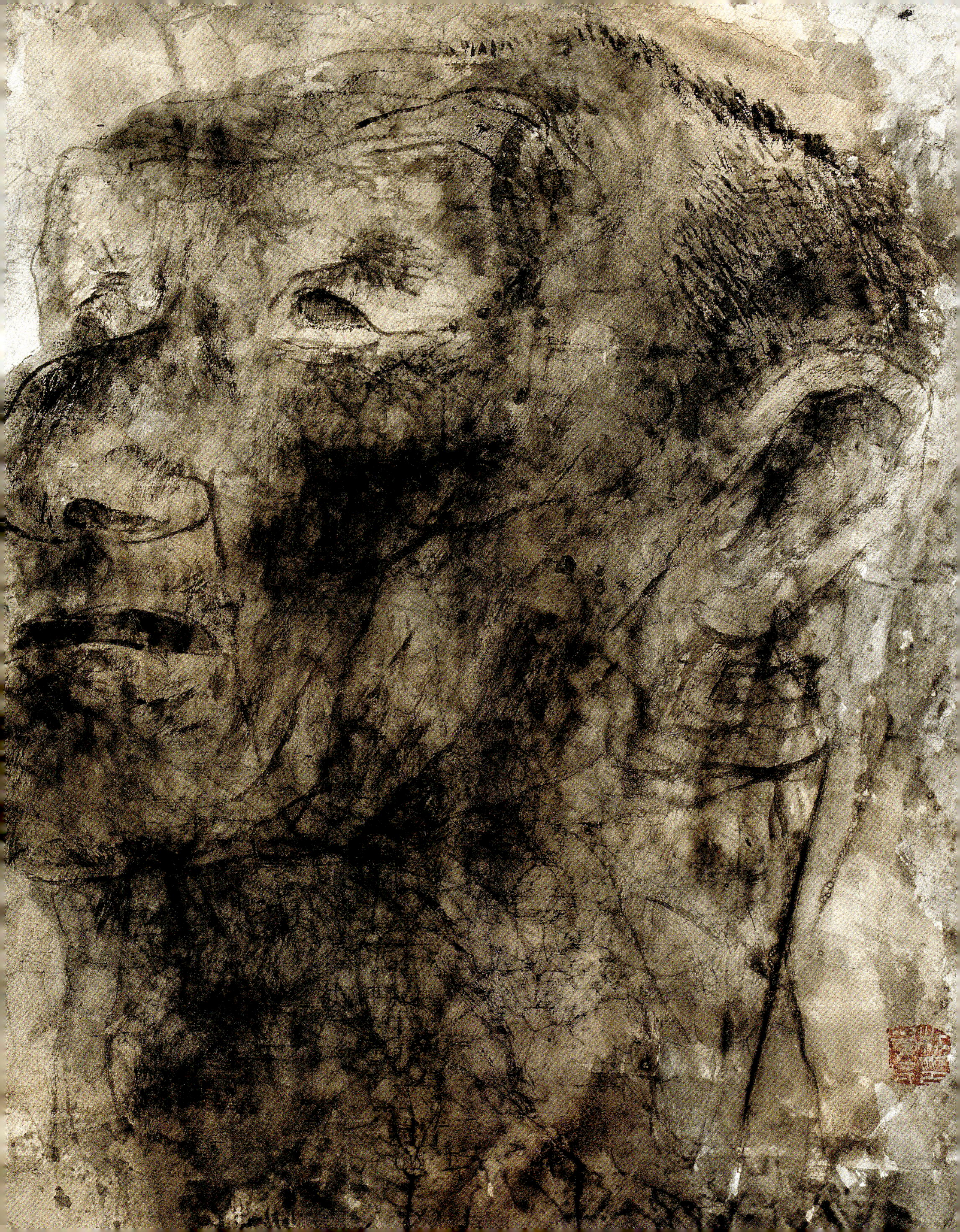

头像系列　纸本设色　45cm×42cm　1997

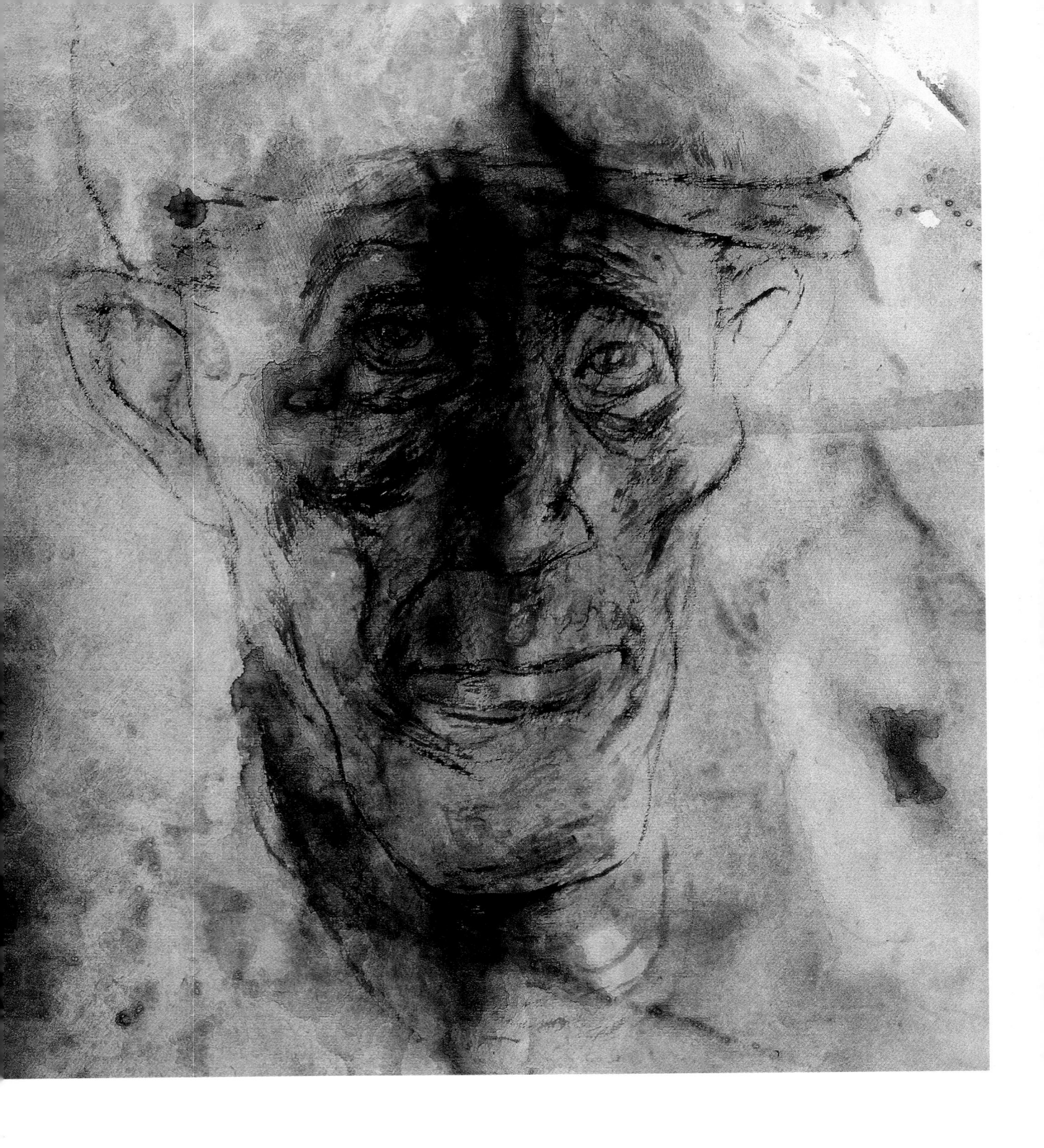

头像系列　纸本设色　45cm×42cm　1997

28　头像系列　纸本设色　45cm×42cm　1997

头像系列　纸本设色　45cm×42cm　1997

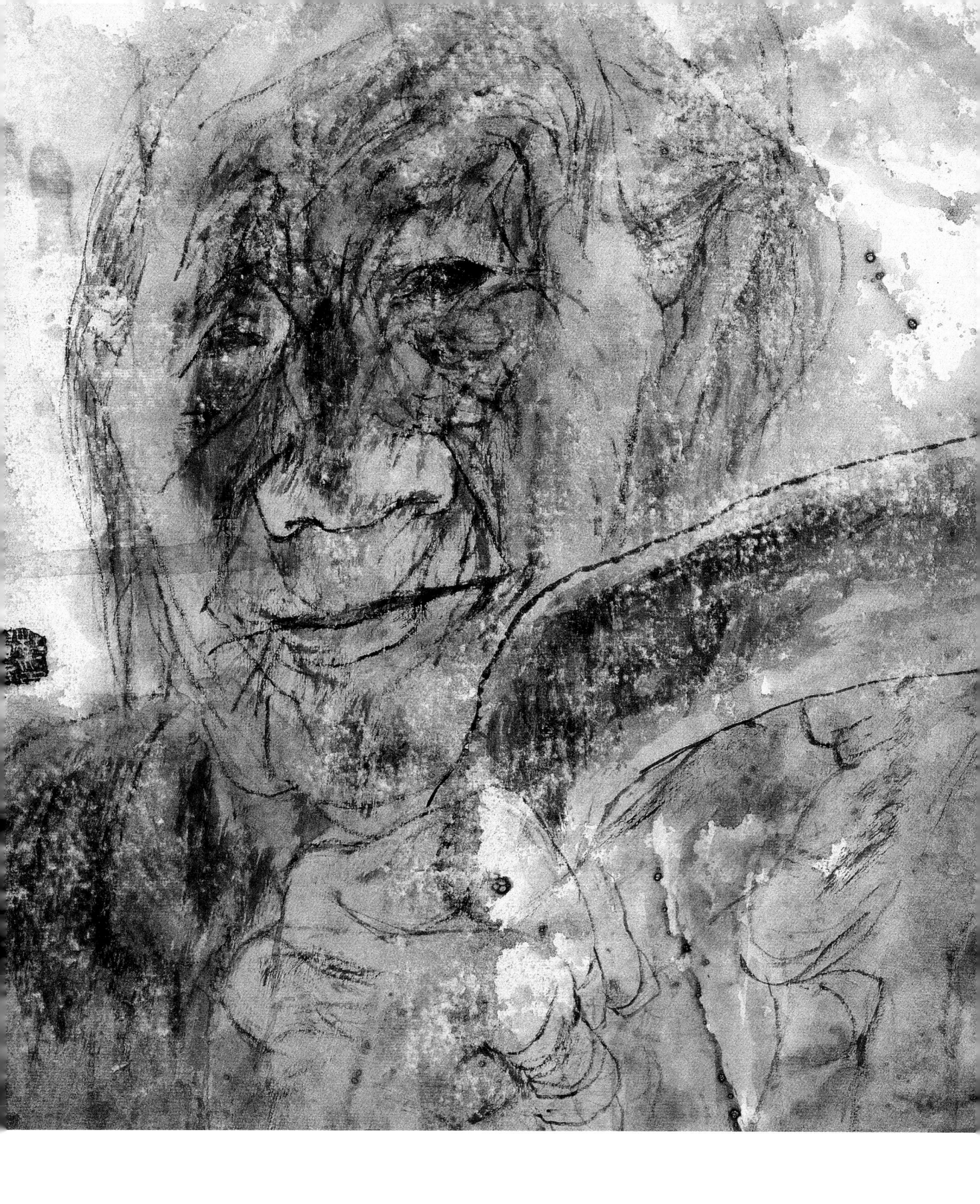

头像系列 纸本水墨 143cm×76cm 2005

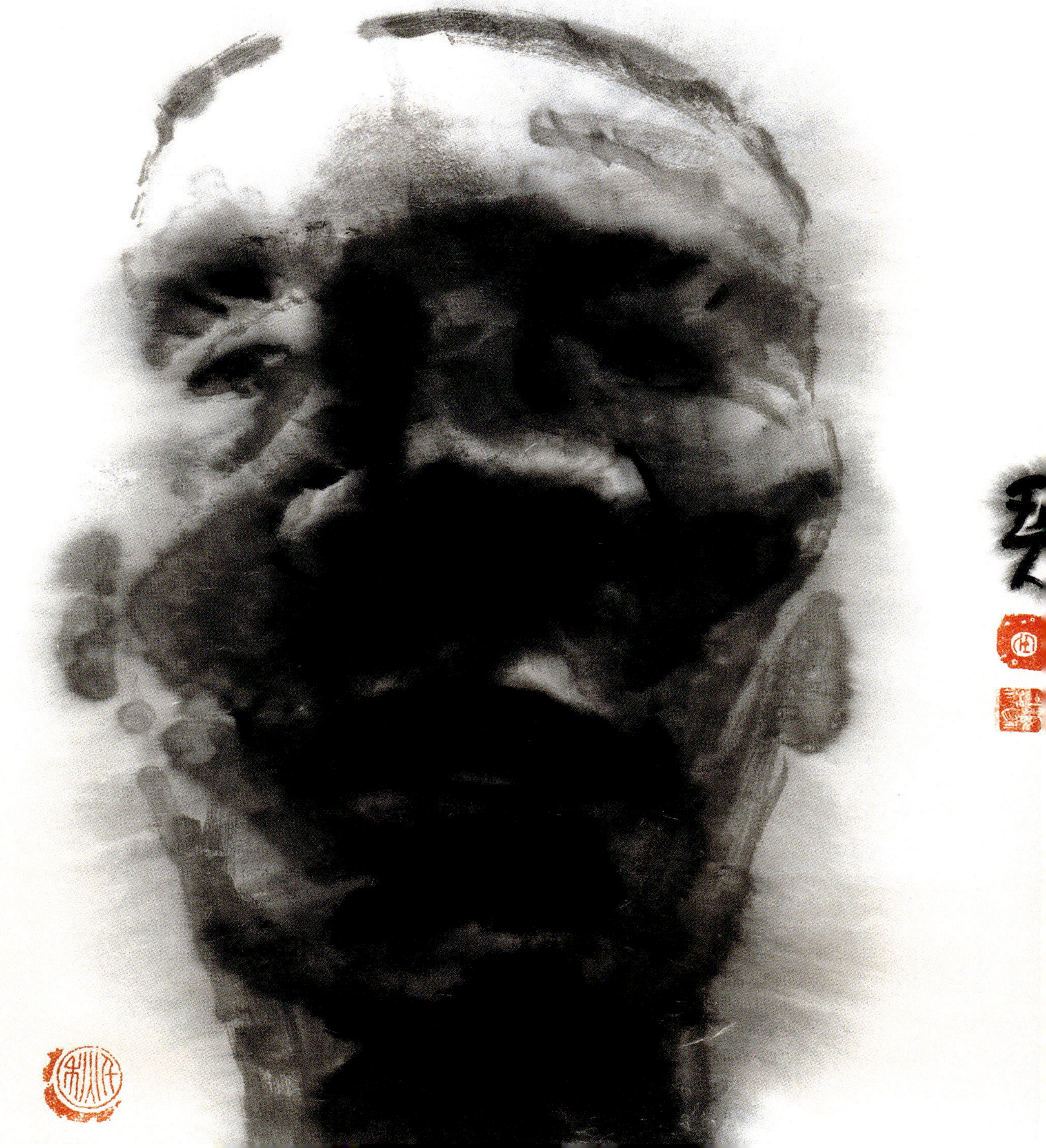

头像系列　纸本水墨　143cm×76cm　2005

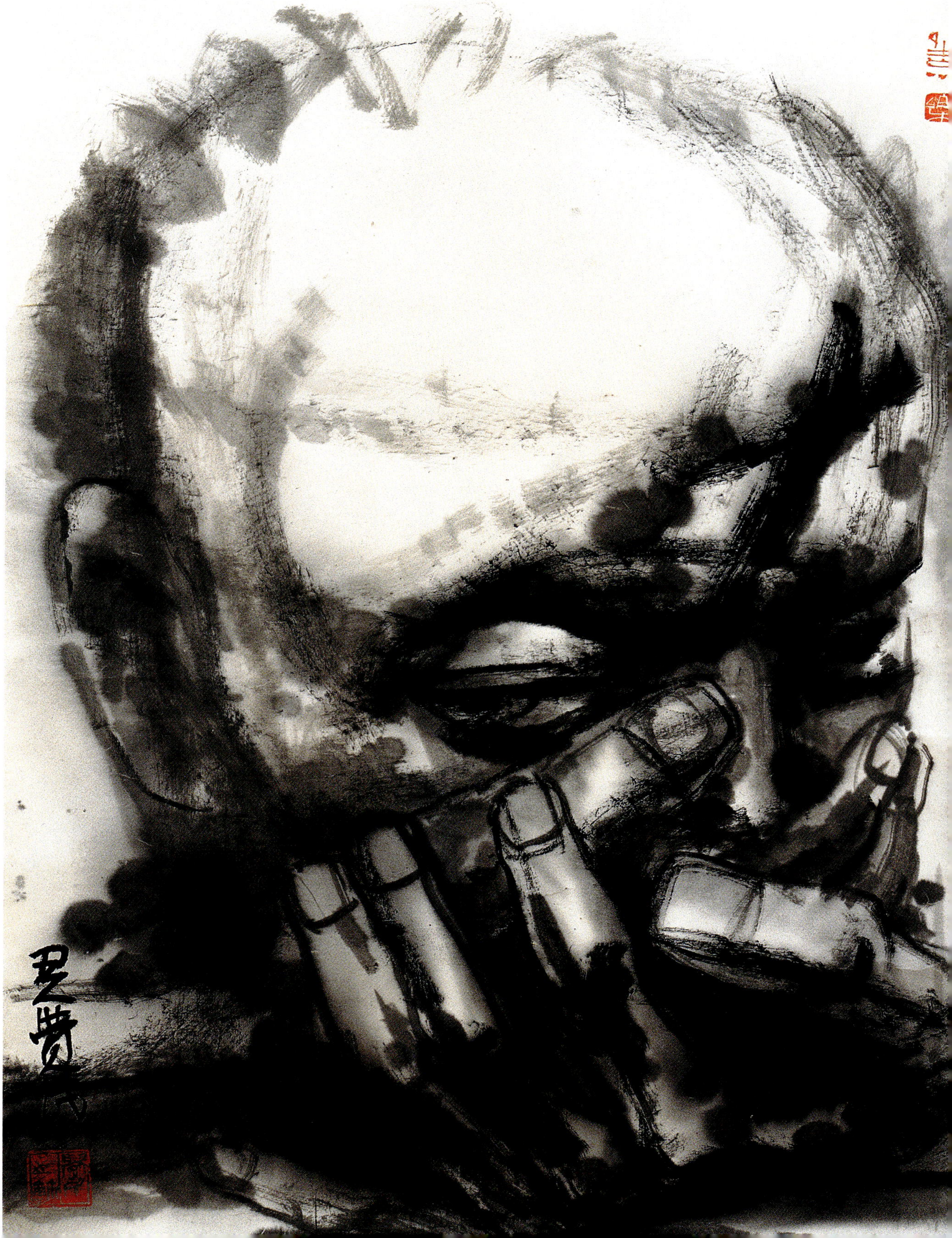

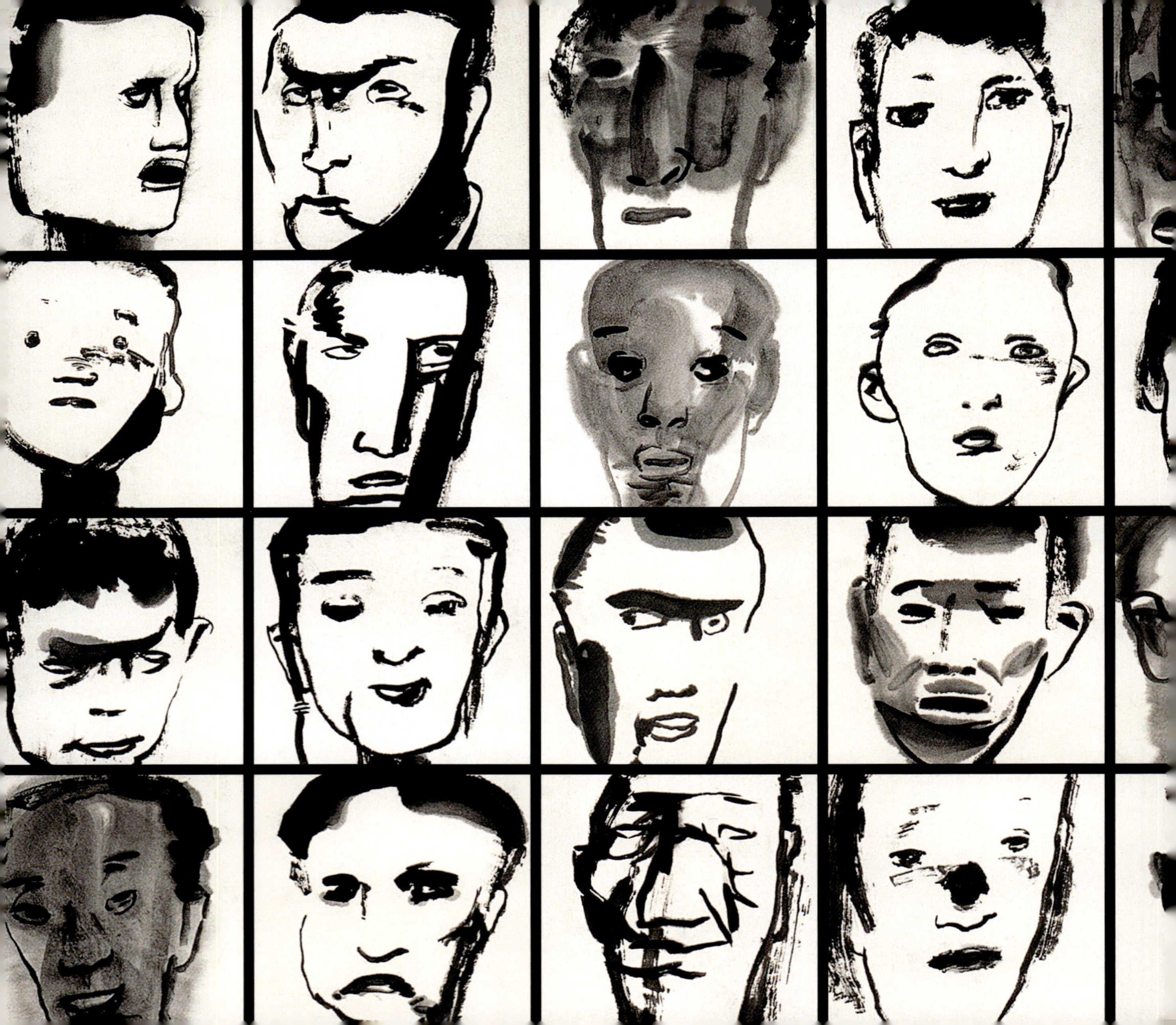

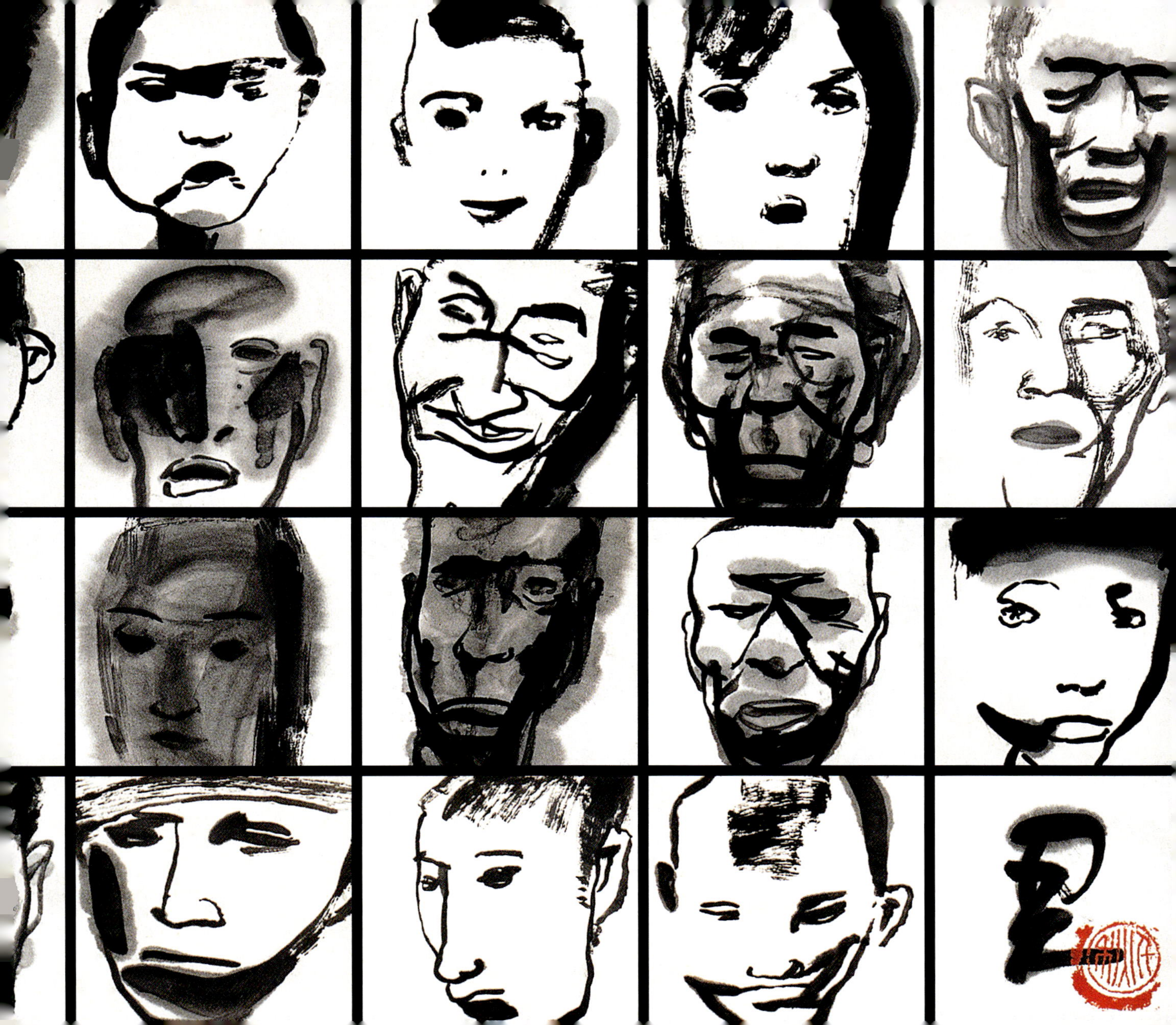

写生系列　纸本水墨　115cm×72cm　2005

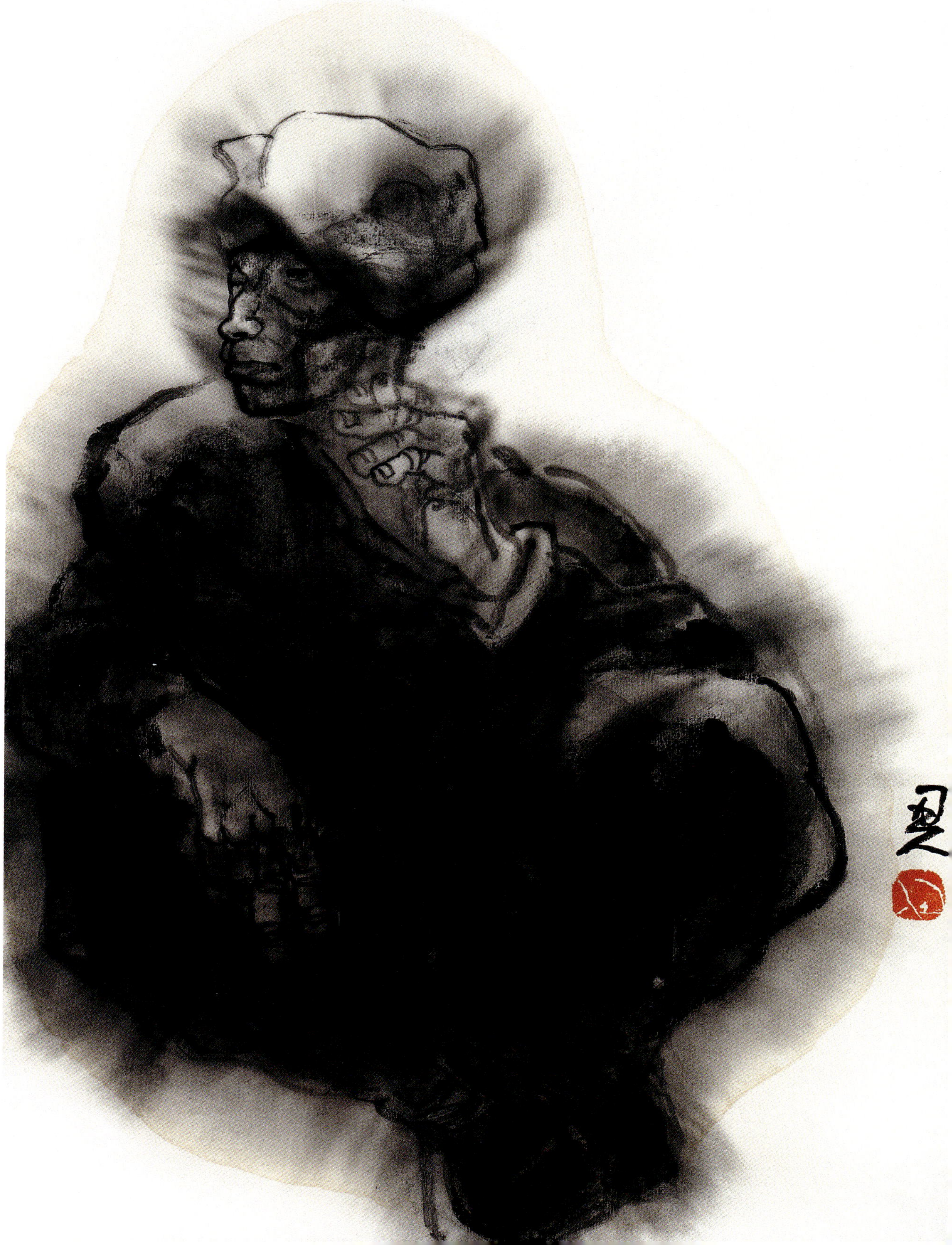

头像系列 纸本水墨 115cm×72cm 2005

头像系列　纸本水墨　115cm×72cm　2005

写生系列　纸本水墨　115cm×72cm　2005

你在他盆中敲的一声叫喊一声，二泉映月瞬间空气里弥漫了凄远的悲伤，他用二胡倾诉着无尽的生命，而眼前的生命又若那颤动的琴弦

写生系列　纸本水墨　115cm×72cm　2005

写生系列　纸本水墨　115cm×72cm×2　2005

写生系列　纸本水墨　115cm×72cm　2005

头像系列　纸本水墨　180cm×90cm　1997

老 可 我 此 刻 有 誰 在 世 上 某 處 死 無 故 地 在 世 上 死 望 着 我

一九七七年秋日上海 閲 奧 地 利 詩 人 里 爾 克 此 重 時 刻 詩

头像系列　纸本水墨　178cm×95cm　1997

头像系列　纸本水墨　178cm×95cm　1997

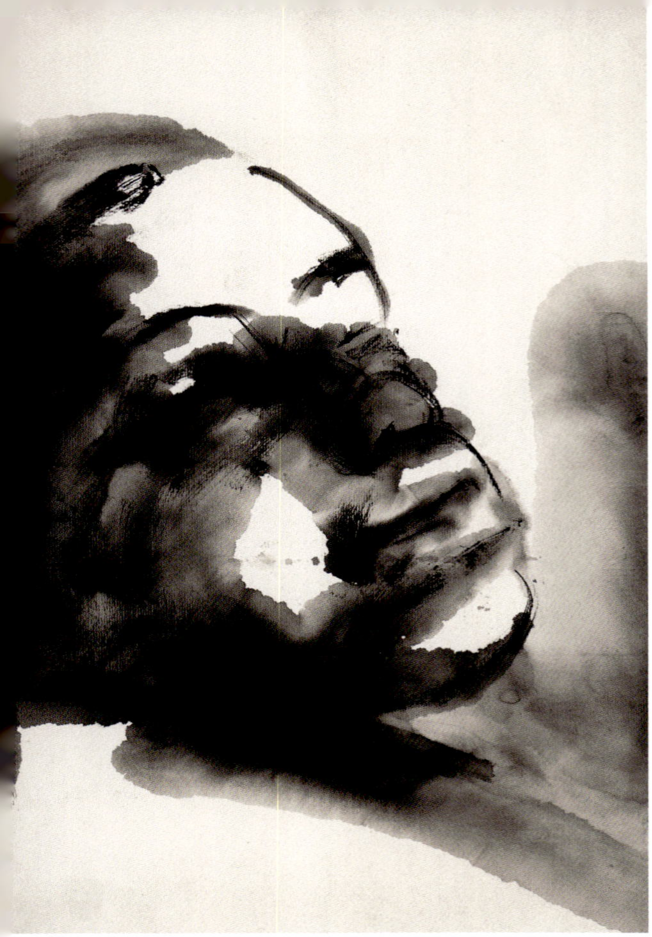
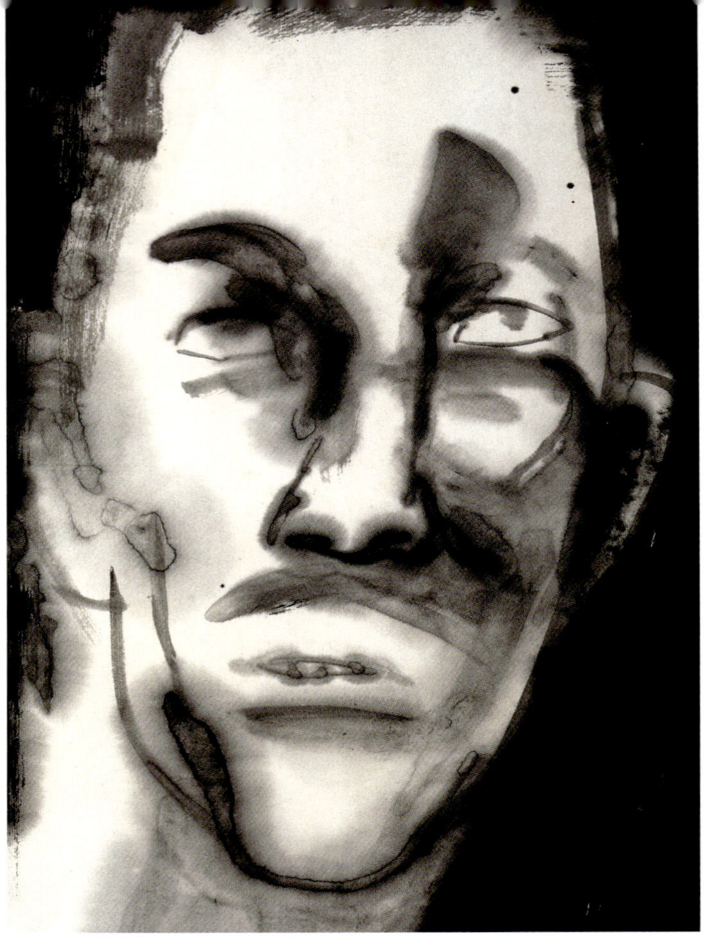
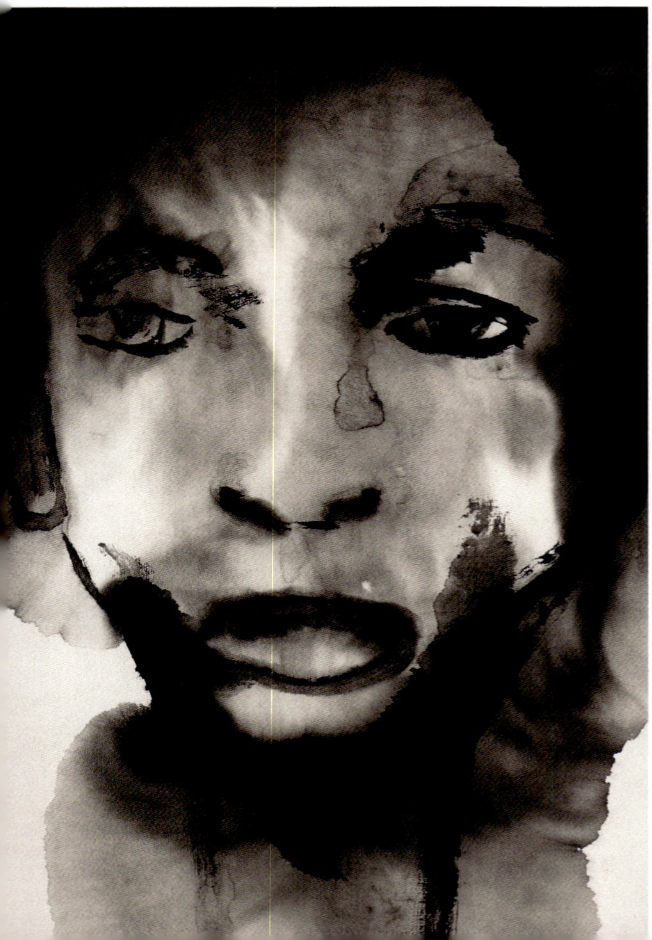
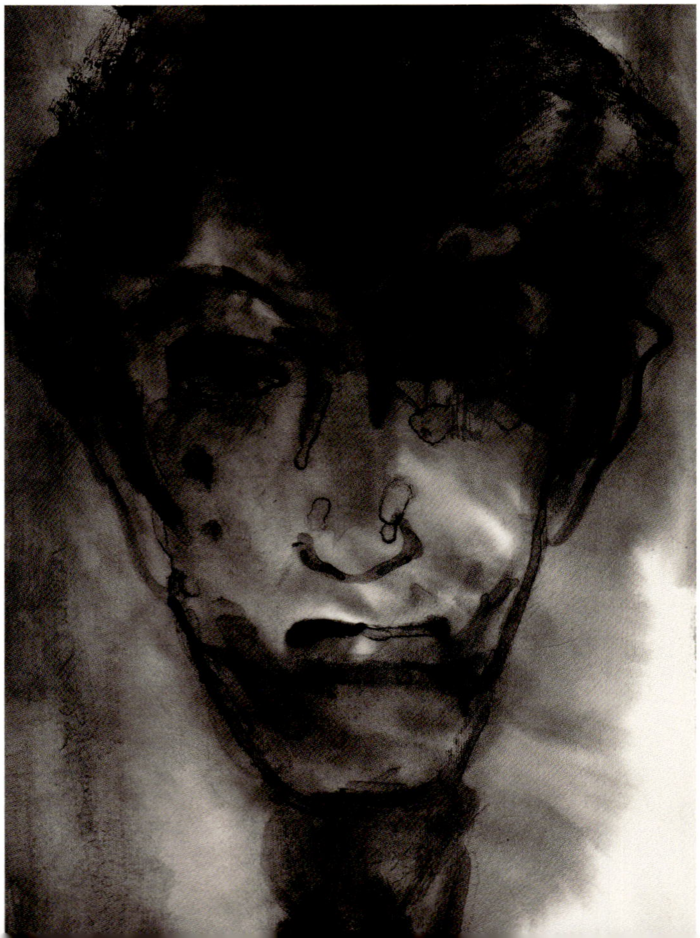

头像系列　纸本水墨　45cm×30cm×5　2005

50　头像系列　纸本水墨　40cm×30cm×18　1997

51

写生系列　纸本设色　30cm×50cm　1997

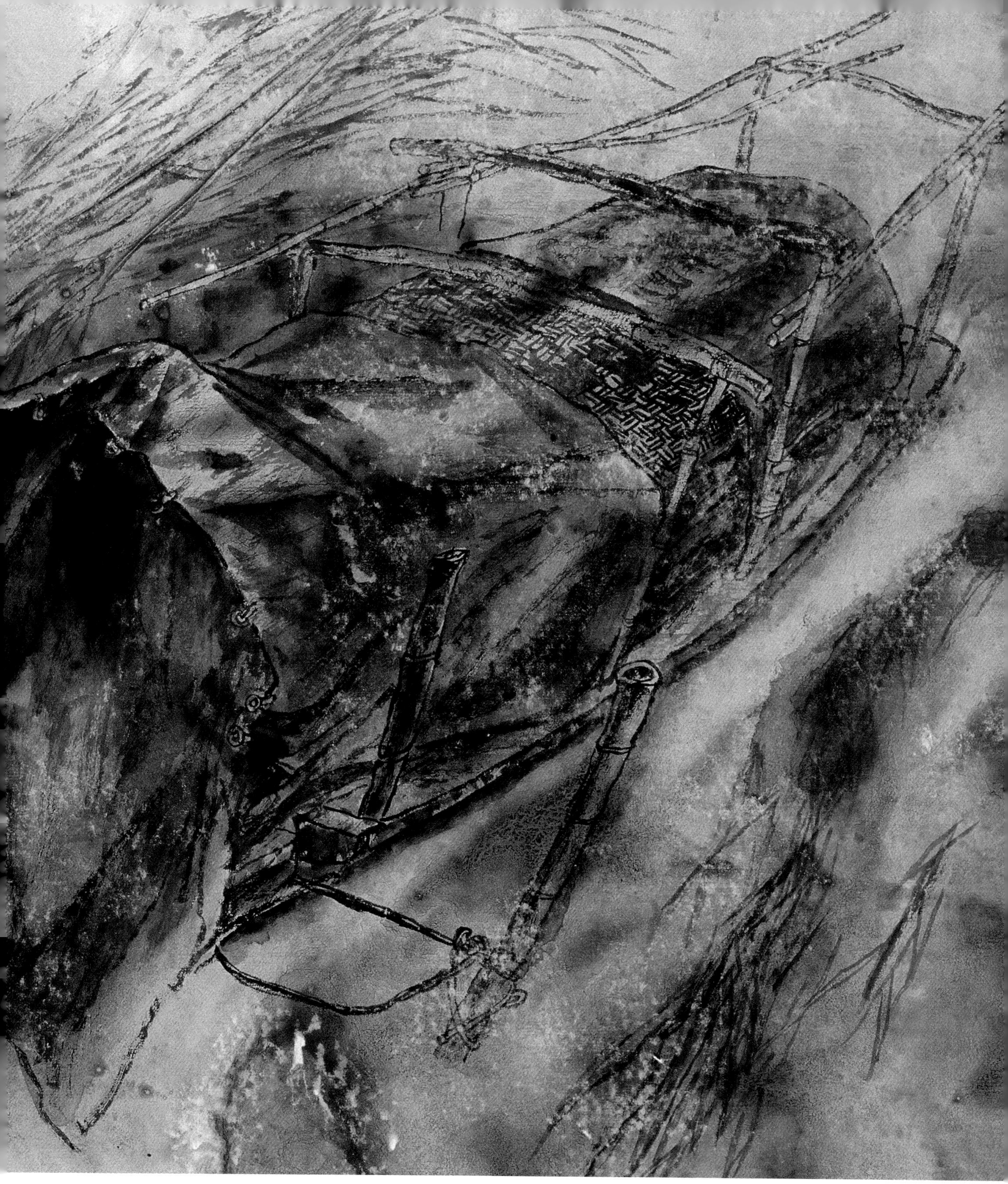

写生系列　纸本设色　30cm×50cm　1997

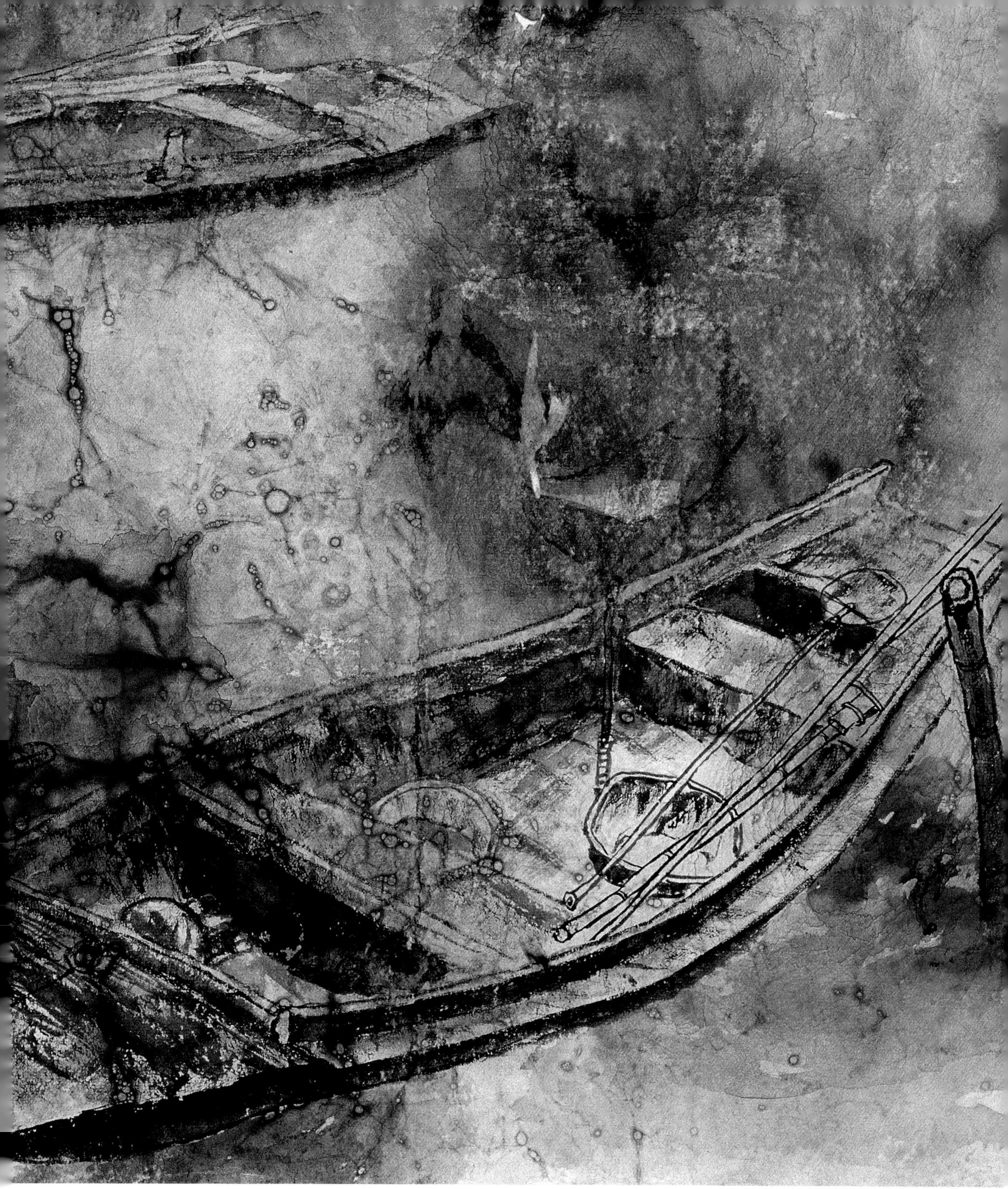

写生系列　纸本设色　30cm×50cm　1997

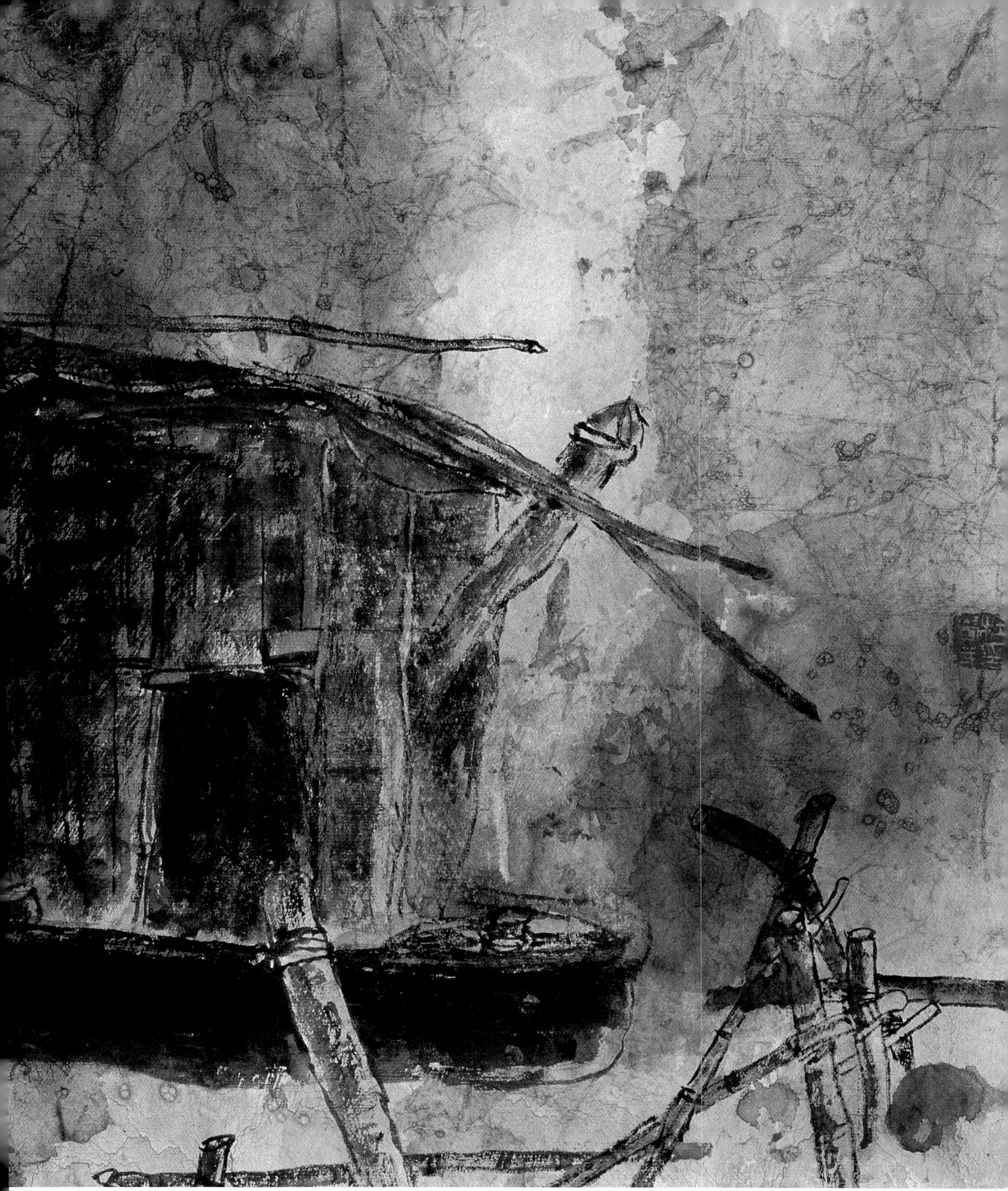

写生系列　纸本设色　30cm×50cm　1997

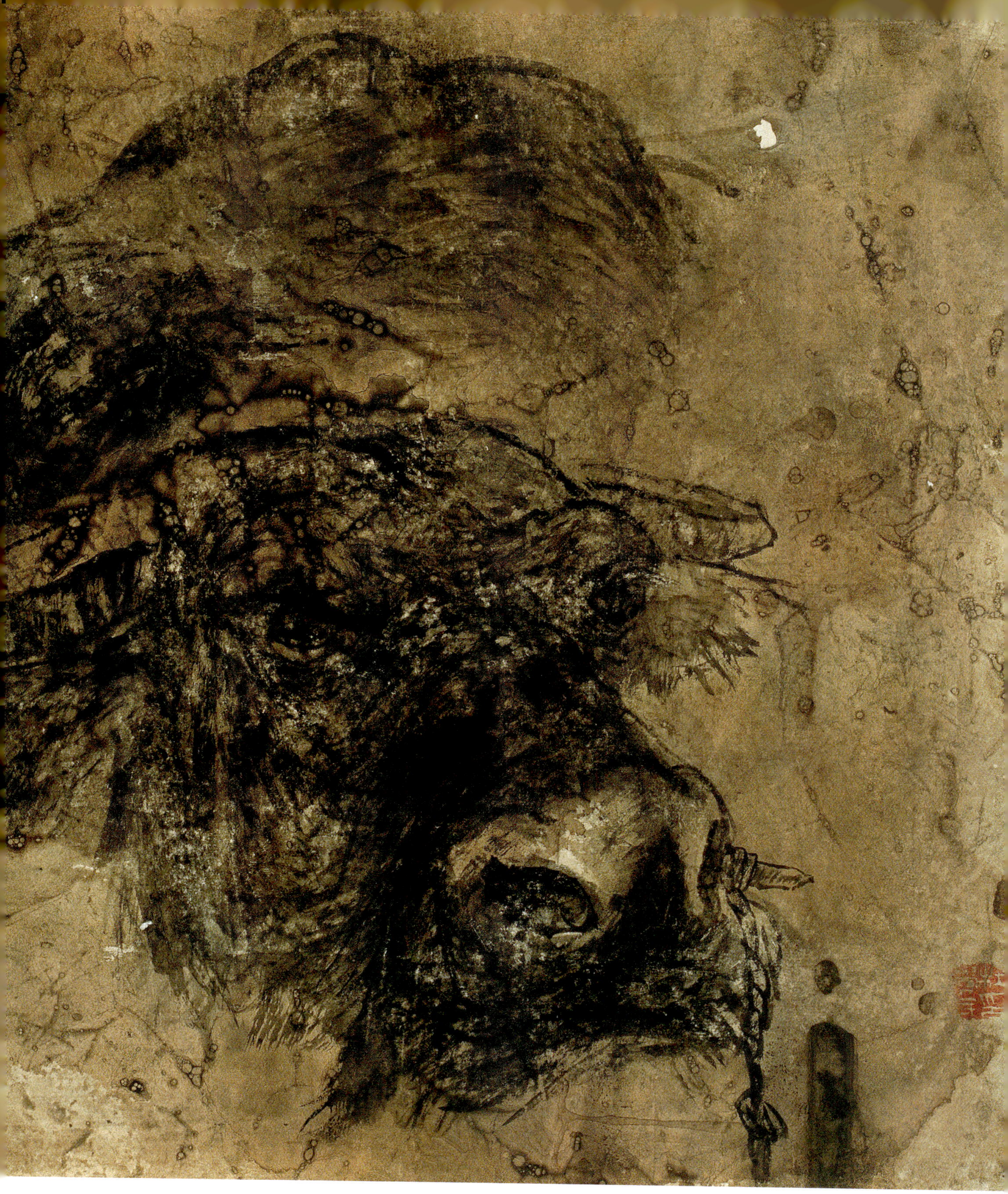

易水潇潇　纸本设色　170cm×94cm×3　1999

61

海姑 综合材料 98cm×97cm 2016

秋江澄净水天寒
——杜觉民人物画序

文／王霖

士人之画，所贵者性情也。其有肤受貌袭、空谈笔墨者，伪士人画耳。吾旧有论画绝句云："纸上茫茫色未干，秋江澄净水天寒。空言笔墨真迂士，诗画从来一例看。"盖谓性情之贵，诗与画无不同也。昔黄梨洲选明文，不遵一辙，唯视其一往情深者，即从而捃拾之，巨家鸿笔，以浮浅受黜，稀名短句，以幽远见收。盖性之贞者，其情深；情之深者，其文至。天地之间，亦唯深情之物可以感人尔。夫画何独不然！故恽南田曰："笔墨本无情，不可使运笔墨者无情；作画在摄情，不可使鉴画者不生情。"真知言也。南田之画所以能凌跞石谷者，独在此矣。

然古之所谓士人画者，讵以戋戋文人之艺可得而名之也！彼戋戋文人，不过邀风吟雪，组绣纷华，命与日尽，别无寄托，宋刘挚所云"一号为文人，无足观矣"，信矣！盖古之所谓士人，忧乐固不在一身，当其充养之厚，未尝不心游万仞，思接千载，虽迹有隐显，遇有否泰，其旷念幽怀，清愁肃怨，或发为浩歌，或寄为书画，莫不汩汩自性情流出，即笔墨时有未逮，形似或有缺落，犹足以动情移俗，无害其为名笔；况漱润群美，出处应机，六法兼善，道艺俱成者乎！

近古以来，画道陵迟，世之论者，辄以文人漫略浅鄙之画与士人画相混同，寒火不吹，道心浇灭，能自振起于时风众势者，指不足再屈也。迨夫吴、齐、黄、潘，珠盘既坠，百年士人之精神，益游弋于两极之端。或尽弃传统，号为创新；或专尚笔墨，一往不返。其间有稍以慧力识世道人心之异而为商声徵调者，则群起而讧之，以为笔墨不逸则不正，画品不逸则不高，何与乎愍物伤时哉！变风变雅之不作，抵于今亦久矣。呜呼！彼拨弄笔墨，诩为逸品，纷纷借士人画以鸣高者，其上才及文士漫略之清玩，其下则浮薄草芥靡足论也。大抵今世画家，其自托于传统者，非无胜士瑰才，唯麟斑凤羽，散在天下，其人难指耳。及夫伪也，则滔滔逐逐，率以伎能相悦，以矫情相矜，以虚无为散淡，以猖披为旷落，弃置神理，废黜性情，忘其充养，侈言笔墨，扬子云谓"伏其几，袭其裳，则可谓仲尼"者，非此辈欤！

吾友觉民老杜，执教于中央美术学院，久为画坛名家，早岁颠荡

看梅归来　纸本设色　38cm×49cm　1997

困辱，而好画不渝，霜凄月苦，历数十年，所成如此，良非易易也。顾绘画之外，颇能读书思索，自谓将以一世精神，寄寓其间，纵无悔，不肯与物浮沉焉。

夫觉民之画，于笔墨温婉，姿采奕丽，搜抉芳苾，雕绘罗绮，非其所长，亦非所喜也；至于叹世情之凉热，揭人性之存亡，憨死，慷慨歌哭，则无论片纸寸缣与夫巨帧大轴，皆足以震夺人心。其抒写剑客则豪气在纸，图貌农人则泥香满卷；丈夫女子，或望而心死，或忧伤而莫诉，凡所点染，一若凛风冱雪相助以悲者；毁甓枯垣，江山人物，莫不潏潩淳郁，有画外之痛。所以然者不以形象之似，盖以其注情之真且长也。当其心之所念，发愤下笔，遗古忘今，即人之是之非之，与夫己之所是所非，举不计也。

独钓江南 纸本设色 37cm×49cm 1997

非，癫狂啸叫，虽有过甚伤和之累，亦是至情至性，不得不宣，彼局局焉欲以笔墨法度绳约之者，皆在骊黄牝牡之间，未足以知□也。

　　吾自庚辰交觉民，今且廿年，于觉民之画，未尝轻许，而觉民固谓"知我"，必远索数语以为序，且约为文言。嘻！我何人哉，即□万言，于觉民之画无所增重。意者，岂觉民闻吾腐说，欲我以古士人之心喻之，而自诚于伪士人画之列欤！则觉民于画，使不弃□而修其未尽，直下转身，上追古人魂魄，他日舍舟登岸，脱略任真，必将唐突前代，无论时流。朋辈如我，但松醪瓦盎，须之于□之上可矣。

休憩　纸本设色　69cm×137cm　1997

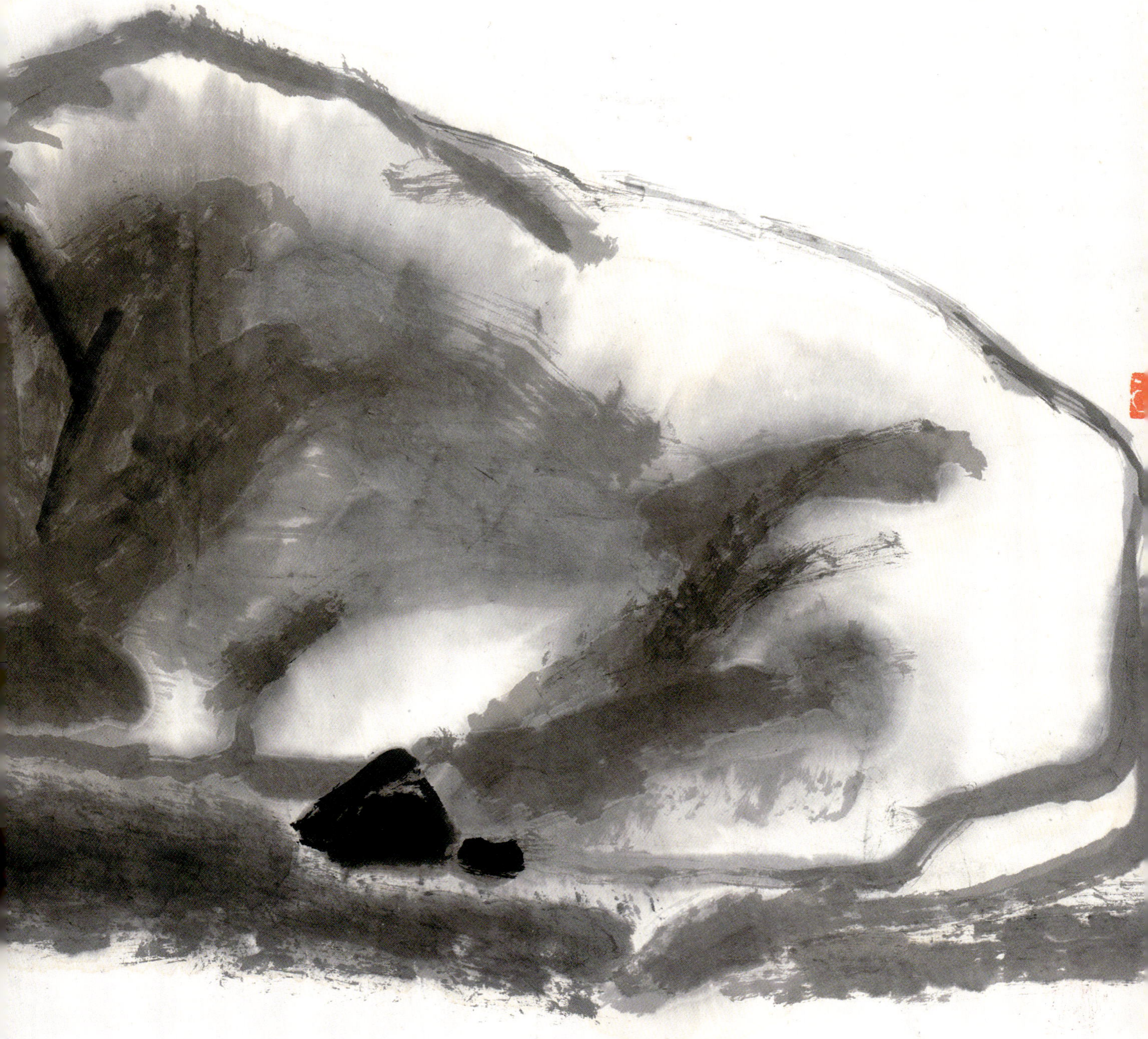

花开花落　纸本设色　68cm×138cm　2007

花卿滿樹紅 訪得萬枝空住

钓翁之意不在鱼 鱼在不意之中 自一八钓

小品系列　纸本设色　33cm×33cm　1997

小品系列　纸本设色　33cm×33cm×4　1997

雨過天晴

雨过天晴　纸本水墨　180cm×285cm　2019

74 《西游记》插图   纸本设色   69cm×68cm   1999

品茗图　纸本设色　69cm×68cm　1998

高逸图(局部)

76　高逸图　纸本设色　300cm×48cm×4　1994

徐渭　纸本水墨　240cm×124cm　2006

纸上浪墨笔恣肆笔下尽是歌声啸九死九生命既白 徐渭四呈像

牧山　纸本水墨　180cm×90cm　1997

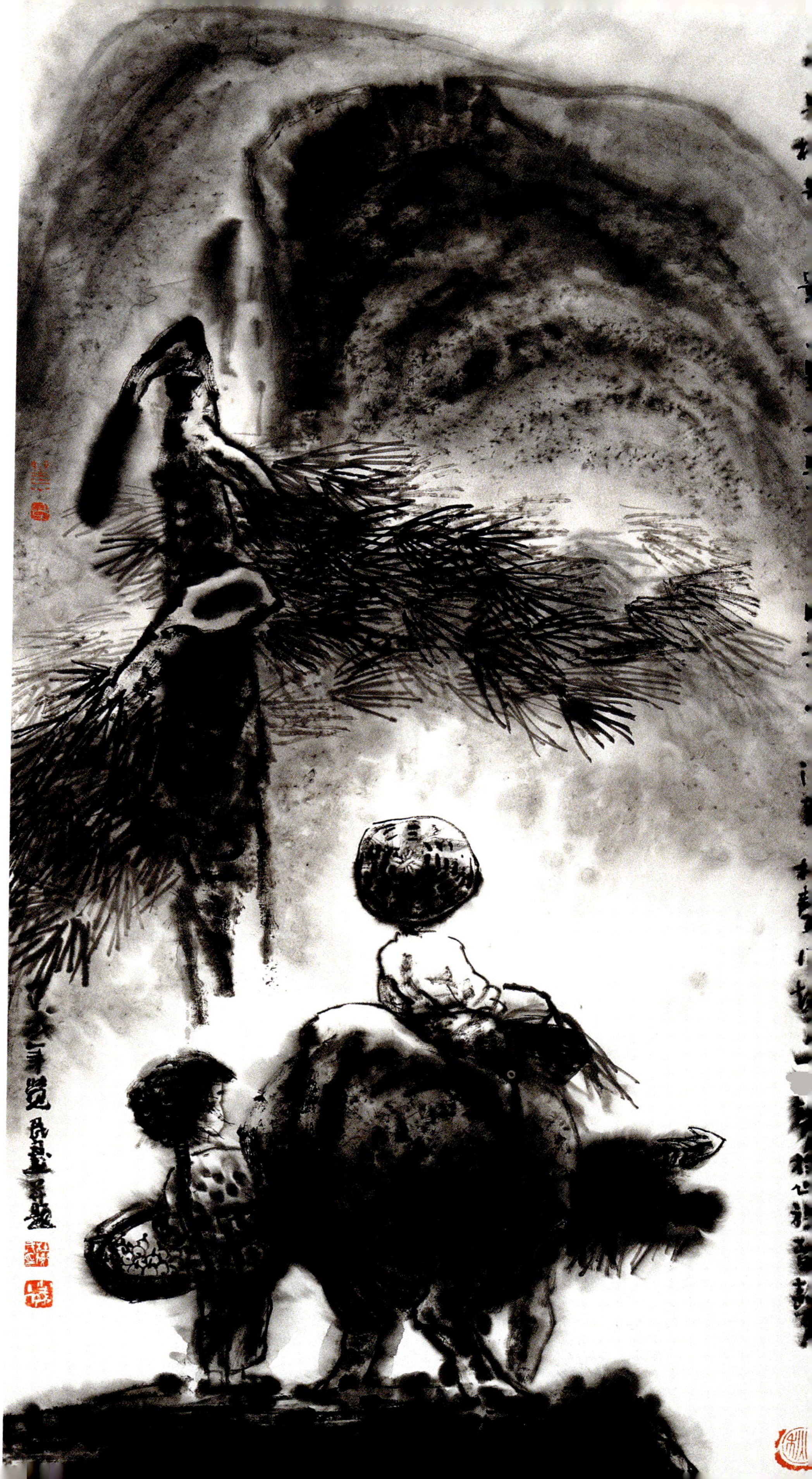

三伏天　纸本水墨　180cm×90cm　2003

憧憬 童年 卿村 生涯 民 時光天伦 戊春

旷野　纸本水墨　200cm×200cm　2007

冬浅深盡垂沉盡空流水涼入輕寒灯煙下斷星水日無喧侭天
外殘坤乾見天山聲雁東江夢冥三沙水霧塵去泊空聲野迥守

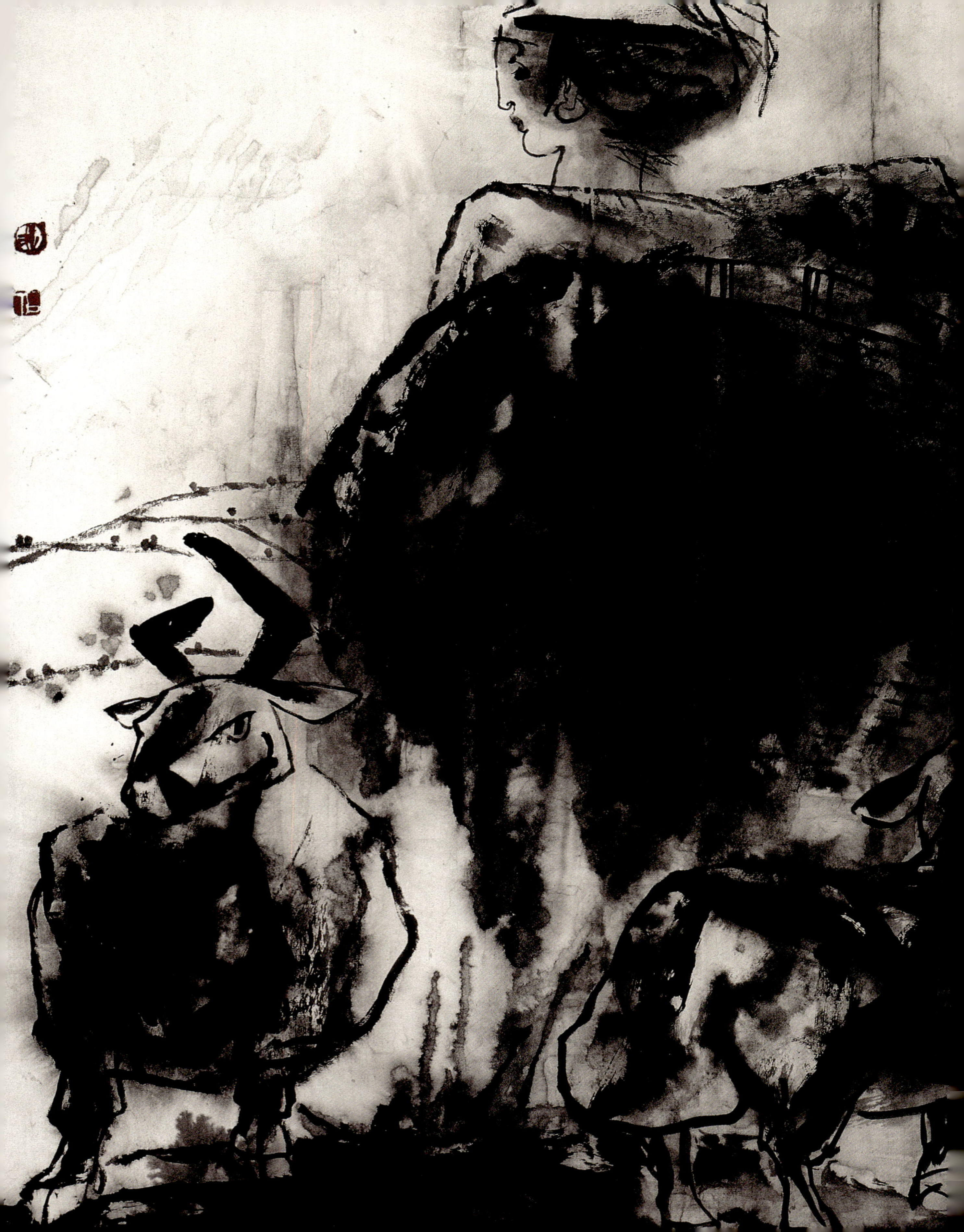

听风　纸本水墨　120cm×120cm　2007

远风　纸本水墨　110cm×180cm　2007

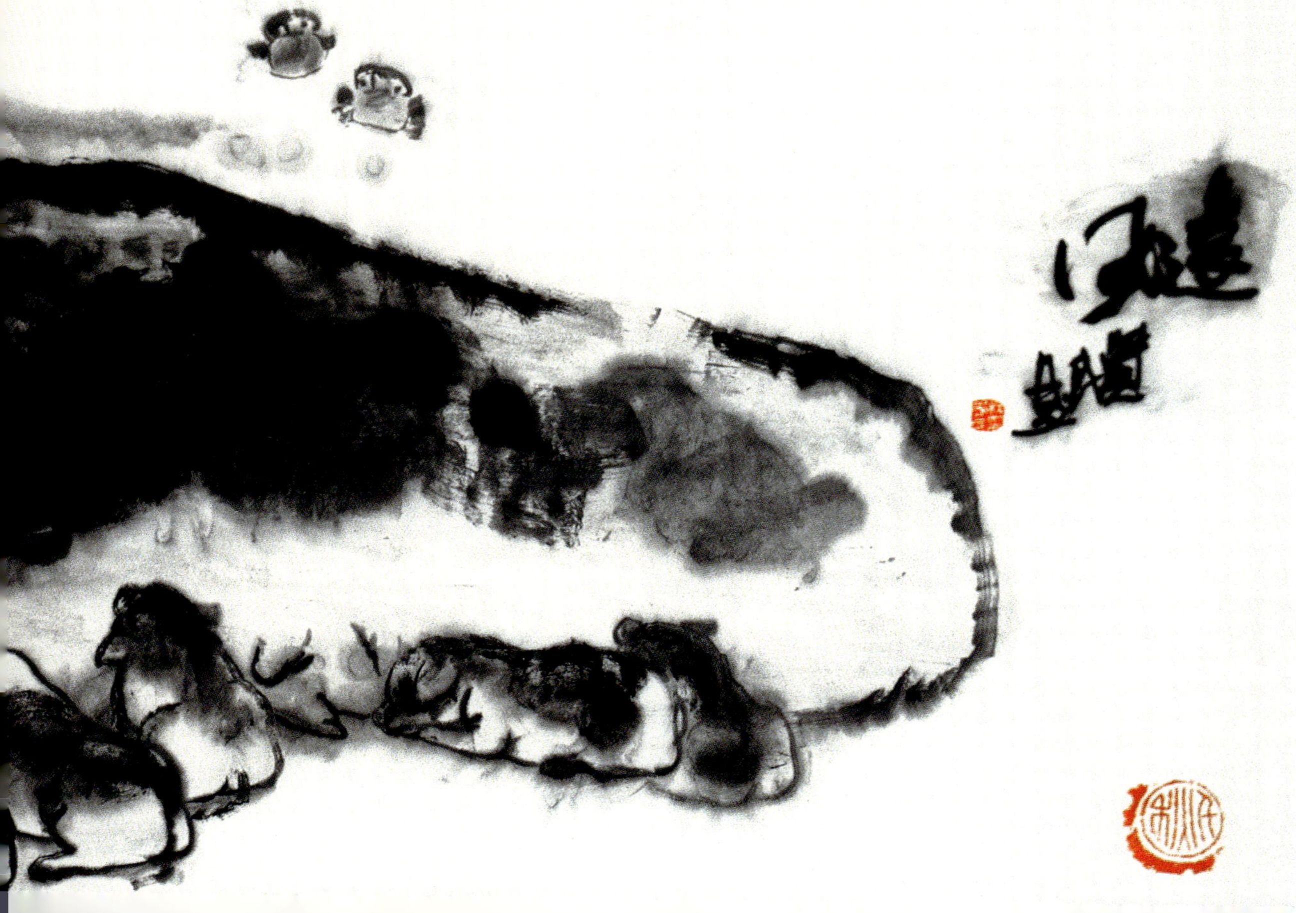

乡亲　纸本水墨　68cm×138cm　2002

听乡音 乡童导初觅 憧憬 乡观

人体系列　纸本水墨、设色　48cm×38cm×4　2009

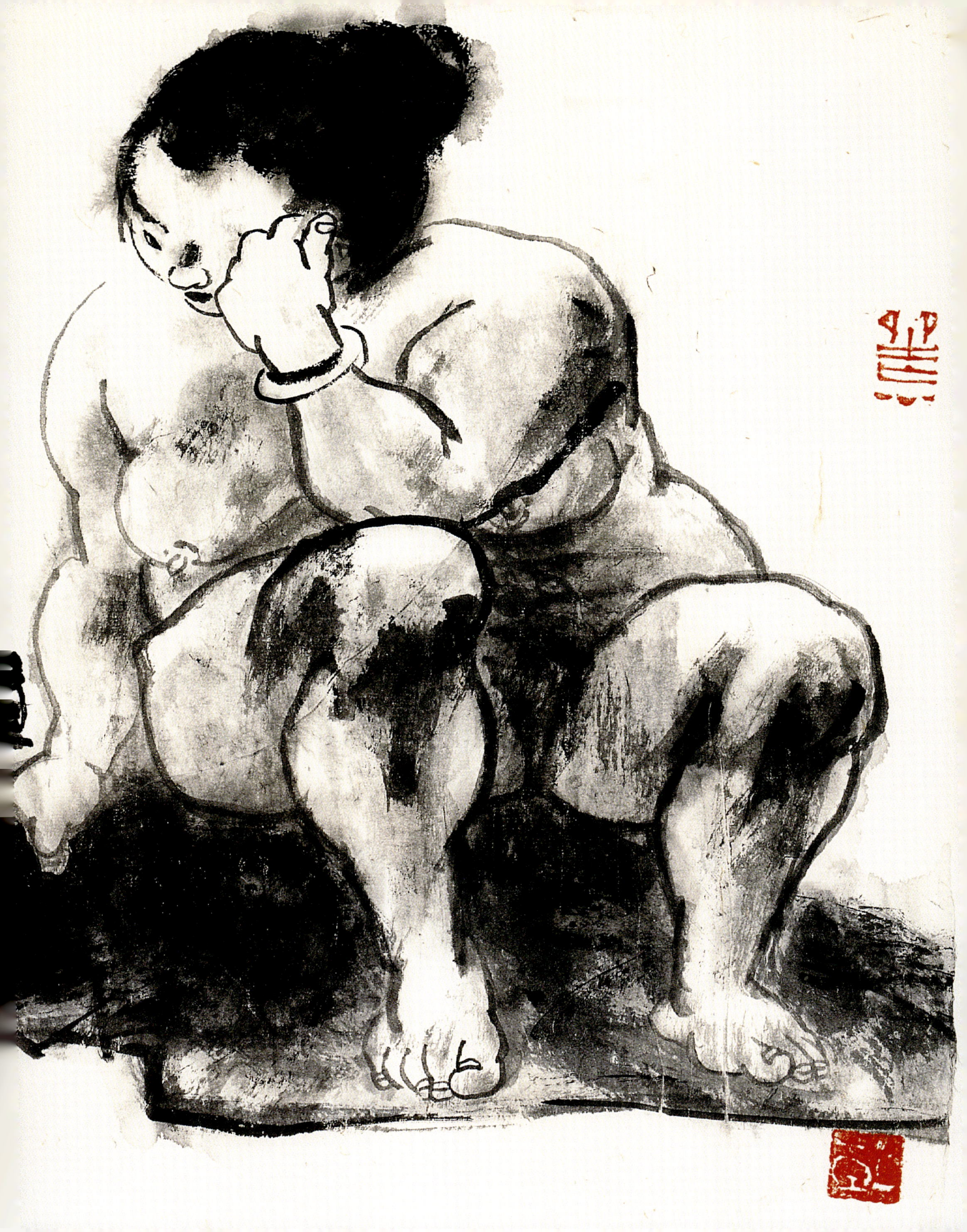

山风 纸本水墨 91cm×123cm 2002 中国美术馆收藏

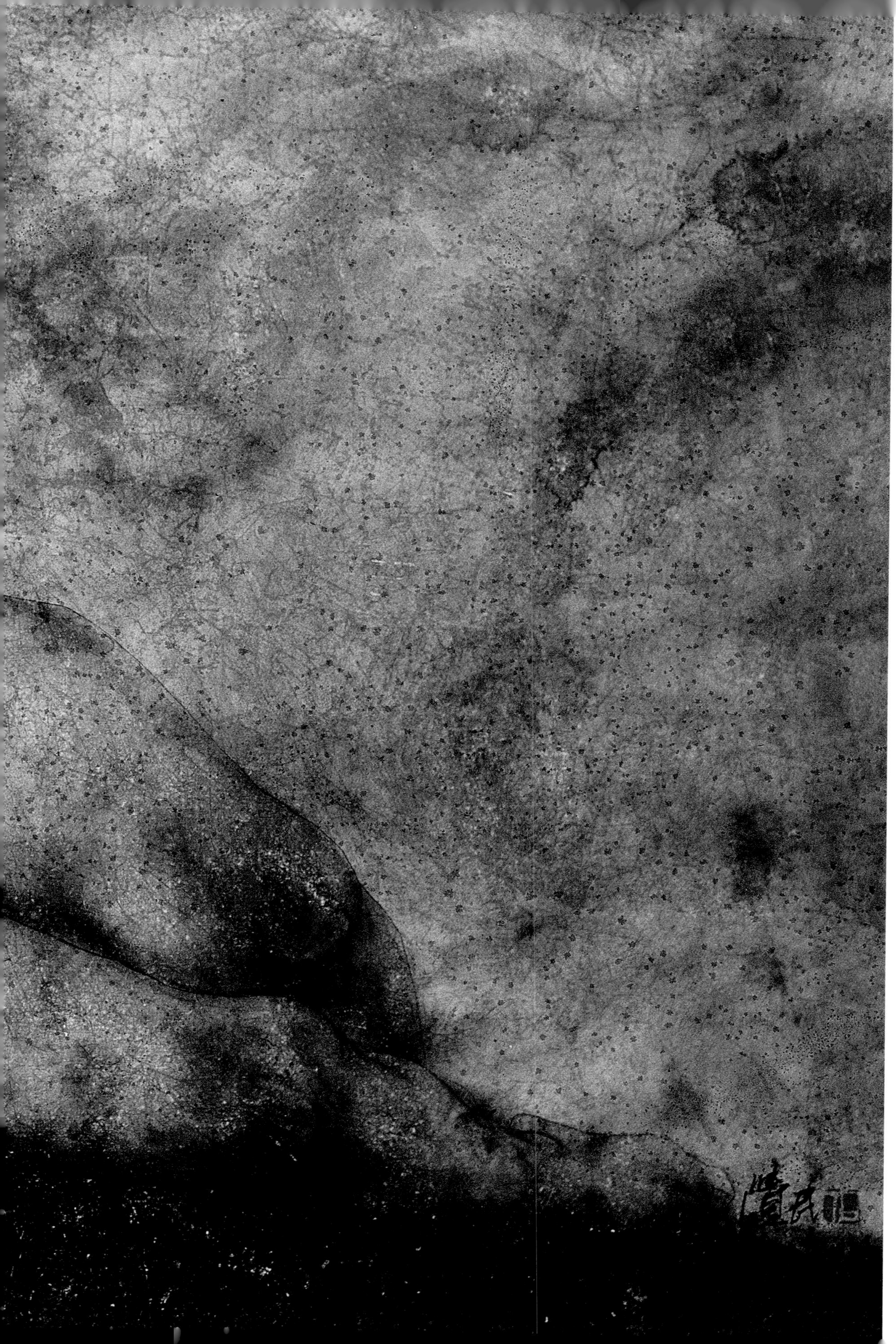

孤独之眼　眺望天穹
——杜觉民画评

文／邵彦

一

　　面对杜觉民的水墨画，读者会领悟到：画家一定有着复杂的经历和深邃的思想。他的题材既有古典文人画的禽鱼杂画和枯坐的文人，有回忆中的乡村生活和田园牧歌，有历史上的英雄豪杰，也有底层的广大民众，但更多的则是无名氏的大头像，这些题材并不是他首先使用的，但他画出了别样的气度。禽鱼杂画的笔墨和立意显然来自八大山人，也是在墨戏中挥洒才情，嬉笑怒骂，而变形愈加厉害，孤愤感更强。文人形象或枯坐或兀立，或鼓琴或独钓，固然可以看成画家的自况，但更突出一种苦涩的孤傲，白的背景已经不是艺术处理的留白，而是与个人隔绝甚至对立的整个世界，即使在平和静坐时，脸上也只是一缕无奈的笑容。乡村生活，如露天电影、三伏天祖孙午睡等，充溢着童年的柔和温馨，但对于早年在乡村生活中经历了长期苦难的画家，这一切只是美好记忆的片段采撷而已。历史画多少是画家自己英雄情结的表述，而大头像则表达了抽象的"人"的概念，一张张表情各异的脸，在画面上顶天立地，散发出摄人心魄的力量。

　　画家出生在北国哈尔滨。他出生那年，正赶上轰轰烈烈的"反右"运动，父亲被划为"右派"。1962年，全家被遣送原籍浙江萧山农村，他不得不面对生活境遇的巨大改变。他7岁在村里读小学，上到四年级就辍学当了生产队的放牛娃，那年他才10岁。不用上学，天天在林间山上放牧，这种生活也许更符合小男孩的天性，但问题是放牛娃一天的劳动成果不到两角钱（一天挣2.5个工分，年终结算每个工分7分钱），一个月不到5元。到16岁时他已是整劳力了，各种农活无所不能，一天可挣12个工分。他后来虽然画牧童，但并没有迷恋上山水、花鸟画，而是用一双火眼金睛看人世，可想而知当年农村的田园牧歌只是表象，而劳累、饥饿等是生活的常态，并成为其日后奋进的动力。

　　萧山位于钱塘江以南，与省城杭州只是一江之隔，今天已经变成了杭州市萧山区，历史上却属于浙东的绍兴府，文脉与杭州颇为不同。绍兴以科第著称，不但出文人学者，更出特立独行的思想家。杜觉民画中豪放自由的笔墨显然接续了乡贤徐渭的精神，而深沉得近乎痛苦的思考和民胞物予的情怀则可以远溯到黄宗羲。他不断求学的经历也令人想起绍兴人看重读书进学的传统。在20世纪80年代初的激烈竞争中考上浙江丝绸工学院，后来又克服重重困难，先后考取广州美术学院中国画研究生并获得硕士学位、首届中央美术学院绘画研究生并获得博士学位。求学不仅意味着获取文凭，更意味着大量的阅读和终身学习的习惯，在这一点上，杜觉民所做到的可能比一些人文学者还要多。

　　也许正是早年的曲折与磨难，使杜觉民人到中年仍然保留着不断奋进的心态。1999年（己卯）春节后不久，他在自己的生日画了一幅题材不甚祥和的《风萧萧兮易水寒》，画上荆轲仗剑背面而立，扭身露出大半侧脸，表情悲愤而壮烈，高渐离坐地击筑，两人就如一立一坐两尊石像。

写生系列 纸本设色 60cm×54cm 2015

小品系列　纸本水墨　68cm×68cm　1997

画家与徐渭神交，用水墨大写意画了一幅《徐文长造像》。徐渭一生可圈可点、可记可画之事甚多，画家偏偏选择了他在狱中著□场景，为了突出人物的痛苦与落魄，还特意把木枷锁与铁链画在前景突出位置。几块涨墨之间的留白形成了高高的小窗泄露□天光。眼前没有门，顶上却有窗，人生境界之高远，不是因为盯着自己的脚下的影子。画家把对自己苦难的咀嚼，化成了对普通民□更为宽厚而强烈的人文关怀。

许多画家都把关注的目光和饱含同情的画笔指向底层民众，但很少有人像他这样大量地画进城务工的苦力和街头的贩夫走□大量的作品都是写生稿，可以想象身背画夹的画家无数次混迹于市井和工棚。他们并不仅仅用脸上的皱纹和破旧的衣衫为画□提供线条与形式的种种可能，他熟悉他们的生存状况，了解他们的喜怒哀乐，同情他们的艰难困苦。他们在他的眼中并不是凡夫□子，而是值得赞美甚至崇拜的对象。正如奥地利诗人里尔克的诗《严重时刻》所吟："此刻有谁在世上某处哭，无缘无故地在世□，在哭我。此刻有谁在夜间某处笑，无缘无故地在夜间笑，在笑我。此刻有谁在世上某处走，无缘无故地在世上走，走向我。□刻有谁在世上某处死，无缘无故地在世上死，望着我。"画家与诗人心有戚戚焉，在一幅大头像上抄录了这首诗。作为人文学者□画家，未必执着于一种人文宗教，未必要当仪轨上的教徒，却必得是哲学上的信众，必得以宗教的大悲悯释怀于自己的苦难，却□走向他人的苦难。

杜觉民的博士学位论文题为《隐逸与超越》，在我看来，使用"隐逸"这个词多少带有避重就轻的意图。"逸"的本意就是逃□，在乱世中是偷生逃命，在正常社会中则是避免与现有秩序和既得利益发生冲突，以一种不合作的姿态表达微弱的抗争。他所□拜的三位古代画家——倪瓒、徐渭、八大山人都被称为逸品大师，其中徐渭生于大明盛世却性格变异，他与社会的冲突显得不□理喻；倪、朱二位都曾遭逢改朝换代的大变局，如果没有这种大变局，很可能都以富贵闲人了此一生。

其实，当下很多文化人行走的是一条太平盛世的逸品之路：学国学，收古董，喝茶品香，衣则中式复古，食则私家小厨，住则梨□落，行则自驾旅游，波希米亚精神变为布尔乔亚趣味，在享乐主义基础上展开的精神消费显得那么宁静、优雅，所需做的就是□应时代，但要与众不同。

生活在现代都市里，杜觉民并不与这一切绝缘，但他保持着警惕的意识。现实社会永远会存在不平等和不公正，存在痛苦与□。在较为富足的社会，穷人极寒而死的现象减少了，但人与人在经济上和地位上的巨大差异会变得更加刺目，人们对公正的渴□得更加强烈。同时物质上的自由与精神上的相对不自由也构成了更为尖锐的对立。对待这些"消极现象"甚或宿命困境的态□决定了思想者的路向与境界，表达它们的方式与力度，决定了艺术家的风格与层次。在这方面，中国传统文化提供的资源虽然□，但远不如西方文化丰富。

杜觉民不是一位仿旧式文人，而是对西方思想文化资源充满兴趣。他曾用一周时间通读完了百万字的英国学者彼得沃森所著□方思想史》，对西方现代文艺理论颇为熟悉，甚至有点偏激地认为"从笔墨的角度切入来研究绘画，应该也是受西方影响"。他□涉猎西方文化，文学尤其是诗歌向他传递思想的力量，音乐给他提供形式上的启示，而电影兼有这两方面的功能。他的工笔画□达出明显的光影变幻感，人物肖像尤其是大头像具有特写镜头的效果，这些处理手法与电影艺术有着内在的联系。

二

面对杜觉民的水墨画，观众感受到的震撼力，甚至是压迫感和窒息感，虽然来自主题与思想的力量，最终是通过强烈的视觉□传达的。画家宣称："笔墨本身是不值得研究的，它只是一种技术，是承载画家思想、观念和情感的媒介，最好的笔墨是让人□到笔墨！感觉你只能这样画才能表达这样的境界。"不过，作品的内容和境界可以是公共资源，艺术门类的特色则在于表达的□。思想载体的形状和品质，决定了思想传达的准确与深刻程度，把这个载体发展成熟并运用纯熟，正是艺术家的职业尊严之□。

早年的学画经历以及由丝绸工学院开始的正规训练,使他的水墨画具有西画的背景,正如他所说:"吸取古今中外一切艺○之所长,为自己创造的艺术所用。"从表现光影的变化到运用西画的涂染法,以及非书法性的点、线、面语言,皆可作如是观。他○风格又呈现出明显的阶段性,相隔多年的本、硕、博三段学习提供了熔铸新风格的最好机会。读博之前在浙江画院工作期间,他○为着力的是工笔画,读博期间则转向大写意,并迅速发展成熟。

他的工笔画寓写于工,先用细劲的线条勾勒出主体人物形象,然后揉皱画纸,再多遍渍染,人物轮廓内浓淡墨迹随着褶皱○伸,产生有如山石、树皮、屋漏、风雪般的肌理效果,也使人物像是从背景中凸显出来的一尊雕像。1997年(丁丑)所作《晚秋图》○1999年(己卯)所作《风萧萧兮易水寒》,以及21世纪初所画的一批四尺对开的工笔设色大头像,大量地采用这一手法。在这一○期他还使用过另一种画法,放弃了揉皱手法,只在局部使用类似揉皱的皴擦和水渍。如1997年的《雾》、1999年的《晨曦》,虽○主色调由赭黄变为淡青,具有雾气或晨曦中的潮湿与清新感,人物及其背景聚成一个团块,占据了画面的大部分,天与之形成强○对比,并使人物富于雕塑的质感与力度。在此基础上,他还进行过其他的尝试,如2000年(庚辰)所作《七贤图》,延伸了水渍式○擦和淡青色调,但又用白粉和朱砂颜料加强工笔重彩效果,人物的变形造型则受到南京画家的影响,终与他创作的本来面貌相○甚远,只是偶尔为之。大约在开始读博期间,他所画的一系列写生大头像回到赭黄色调,渍染变得简单,人物面部用大量皴线来○成结构、质感和肌理,实际上已经开始由工笔向写意过渡。

他的大写意形式特色有两方面:一是视觉上的简化与设计感,二是墨法技术的极致化。前者是寓丰富于简化之中,后者是寓○化于丰富之中。

视觉上的简化,首先要对物象进行提炼。这种提炼以扎实的课堂与现场写生和光影素描为基础,但他并没有循此路数发展○去(发展下去的结果是成为第二个叶浅予、黄胄、周思聪……唯独不能成为他自己),而把汲取灵感的范围扩大到几个相隔甚远○领域——漫画的夸张与黑色幽默、汉画简化的块状感与黑白对比,以及岩画和世界范围内的"原始艺术"的造型与符号。漫画和○画是中国绘画的边缘,但并非与水墨画传统绝缘,而岩画和原始艺术则已被吸纳为西方现代艺术的元素,对它们的利用也是○画形式现代化的一种路径。为了与画面造型、气质相符,他的书法取法魏碑字,创作主体来自龙门造像记,相容"二爨",字形○笔都方正古拙,劲力内含,与他的自署"丑人"相得益彰。

画面的简化与平面设计感的加强是他最近10年创作上的另一个大变化。在有题跋的创作中,题跋作为画面的结构元素,○长,或横列,突出形式感。如《高空有月千山照》的题跋两字一行,一共10行,横列于画面中下部,像隐士背后的地面。《无语听○画的是横卧的大头像,人物双目圆睁,眼神空洞,不像处在休息中,倒像是被斩下来的脑袋,画面在上、穷款在下,也是作横○理。《晚秋图》《徐文长造像》和《脸上游戏》的题跋皆为纵长一整行。1994年(甲戌)所作隐士四屏之一《独钓》则为纵长双行○面上只有一钓夫、二游鱼,其余是整片的空白,极端的对比,令人惊心,两行题跋犹如一柱擎天,险中求稳。1997年的《严重时○是这类设计的顶峰,中间是一个大头像,贴着画面的两边是两行细长的题跋字迹。到后来,许多大头像画法愈益简化,题跋也○了画面一侧或是两侧的纵长线条,或粗或细,或单或双,或勾或抹,其意不可说,充满神秘感。最后,许多大头像的背景干脆○了完全的空白,只看到一颗脑袋和细长的脖子,有如高高举起的木偶。

《住的是工棚,建的是高楼大厦》只画了一位放工后去打水的民工,穿着汗衫短裤,趿拉着拖鞋,手提空水桶,大步流星○头疾行。他的草帽只有简单的一条横线画出帽檐,帽盖是化在刺眼的夕阳里了,白色汗衫上的线条断续与水渍变化也呼应着斜○而他的脸埋在深深的阴影里,脸颊上结实的肌肉似乎在全力对抗生活的重压。他两腿微曲跨开,裸露在外的深色的胳膊腿和○拖鞋,洗得发灰的黑色短裤、潮湿的黑褐色水桶,构成了画面下部的一个重色块,似乎就是承担重压的大地的力量。12个字的

乡村旧事　纸本水墨　200cm×180cm　1997

曬穀事舊輥絞

排成一列,像一条长长的棍子矗在他身后,画家的穷款则在他膝盖前方形成呼应。此画于至简中寓以丰富的平面设计感,文字亦为画面的结构元素使用,而造型用笔有不著一字尽得风流之趣。

他的画法总体上是重墨轻笔的,在大片墨迹中突出的笔迹不多,但是点、线、面的变化运用得很充分。墨法则以宿墨、涨墨渍染的运用为特色,局部用焦墨提醒。宿墨的"空心线"效果较新墨更富于变化和立体感。在运墨之前染湿纸张,故意造成的涨往往有光芒四射的效果,可以表现自然风光(如《徐文长造像》)、麦秸(《山乡旧事》)等,更多的则是人脸上和物体外的阴影。前所述,他也用这些光芒来赋予对象神圣感,使他们仿佛灵光充溢(如《盲乐师》《工人》)。在白纸与黑墨之间,大片渍染构成灰阶使画面柔和而耐看,整体效果有如黑白照片般的宁静。

如果要对杜觉民的艺术作一个简单的小结,他的形式语言虽然与历史的"逸品"和大写意有着明显的继承关系,但他转益师,形成了自己的独特风格,已经难以用"逸品"概念来涵盖,也与他学习过的现代大写意巨匠潘天寿、李苦禅等人的画风拉开距离。他的思想主题更不是独善其身的"隐逸",而是融合了儒家的入世、佛家的悲悯、基督的救赎。一支秃笔力量很渺小,难以变世界,但却传达出画家心中的大爱,足以感动读者。艺术的纪念碑,就蕴含其中。

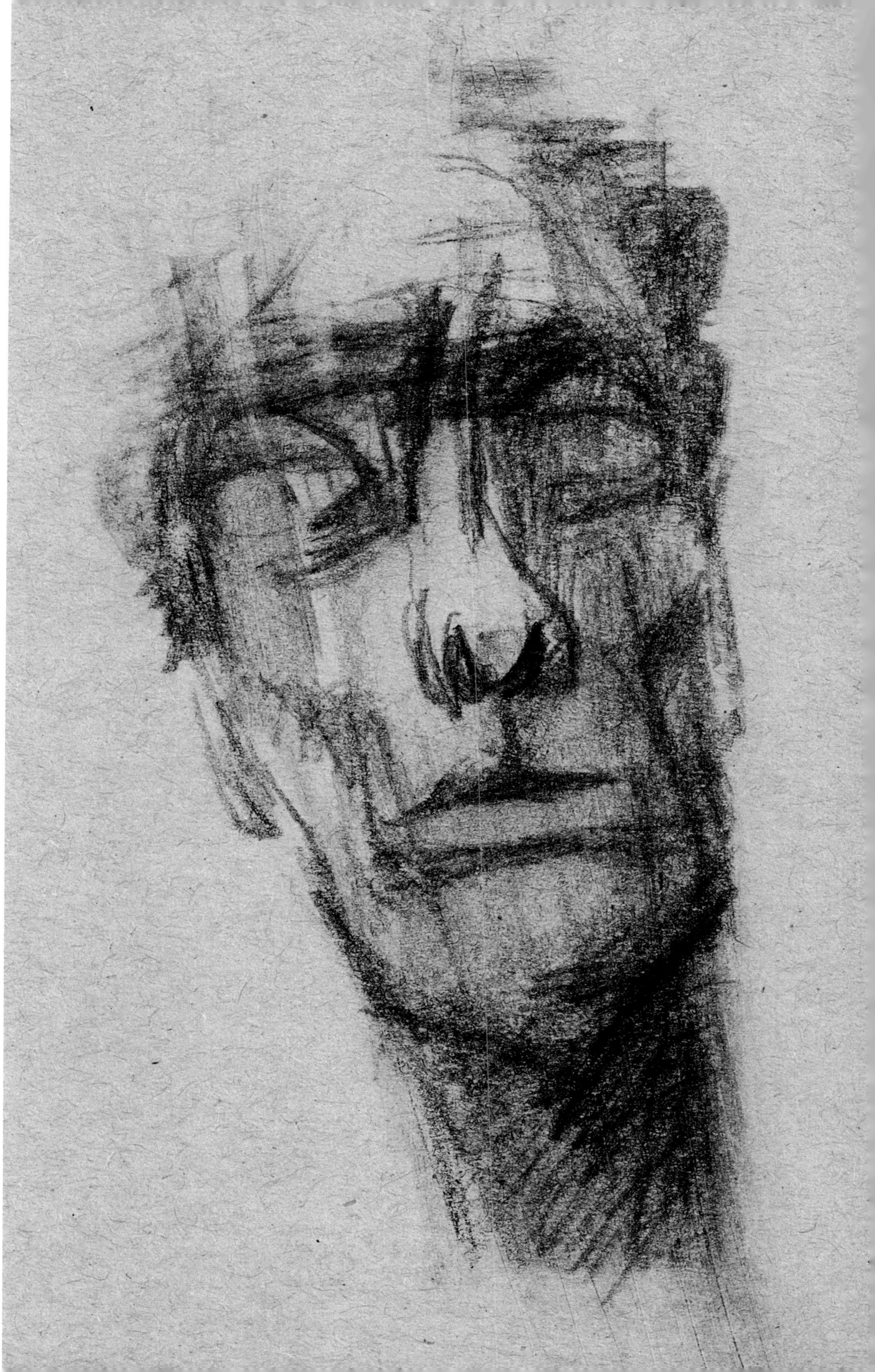

104　手稿系列　纸本炭笔　25.5cm×18cm×7　2020—2022

105

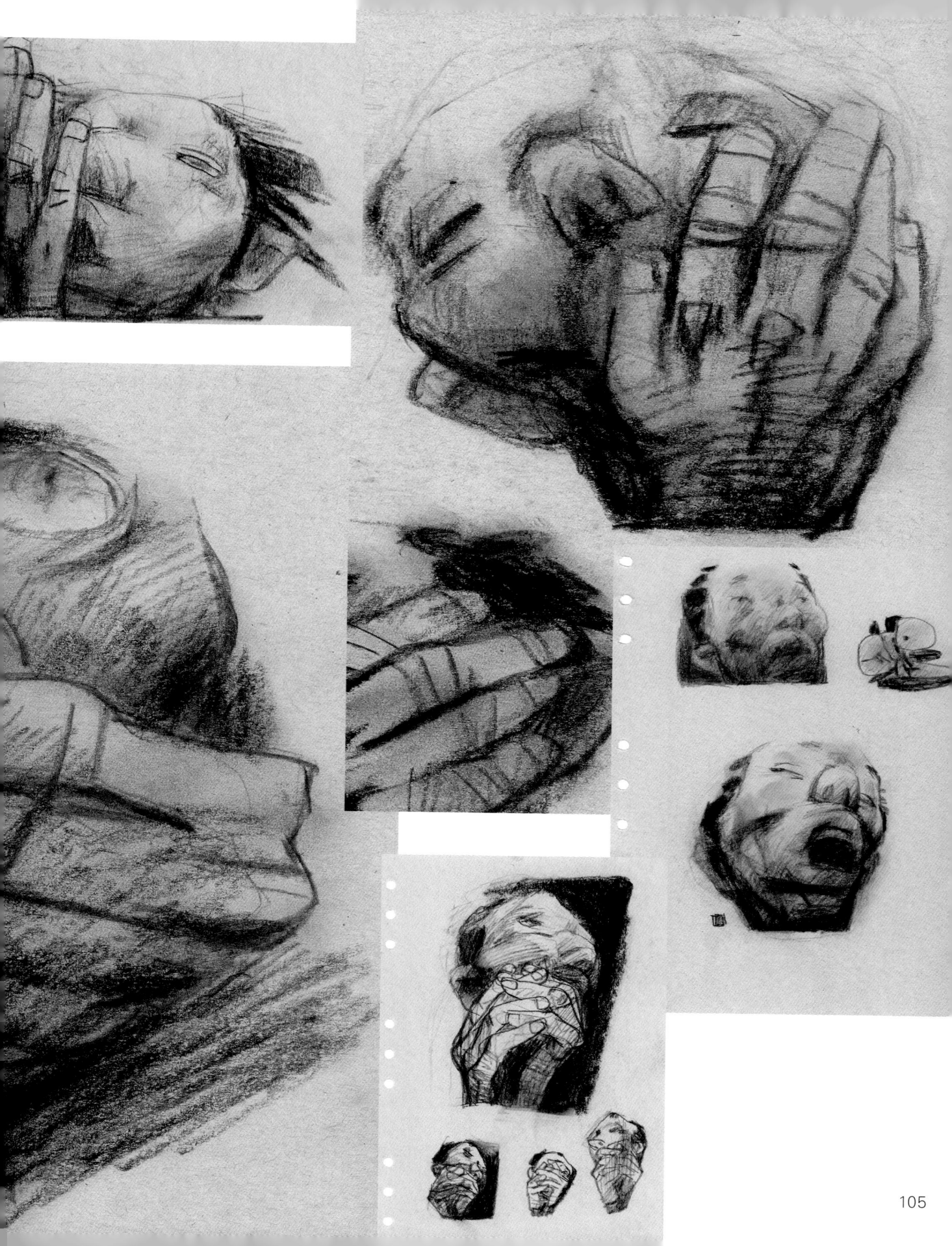

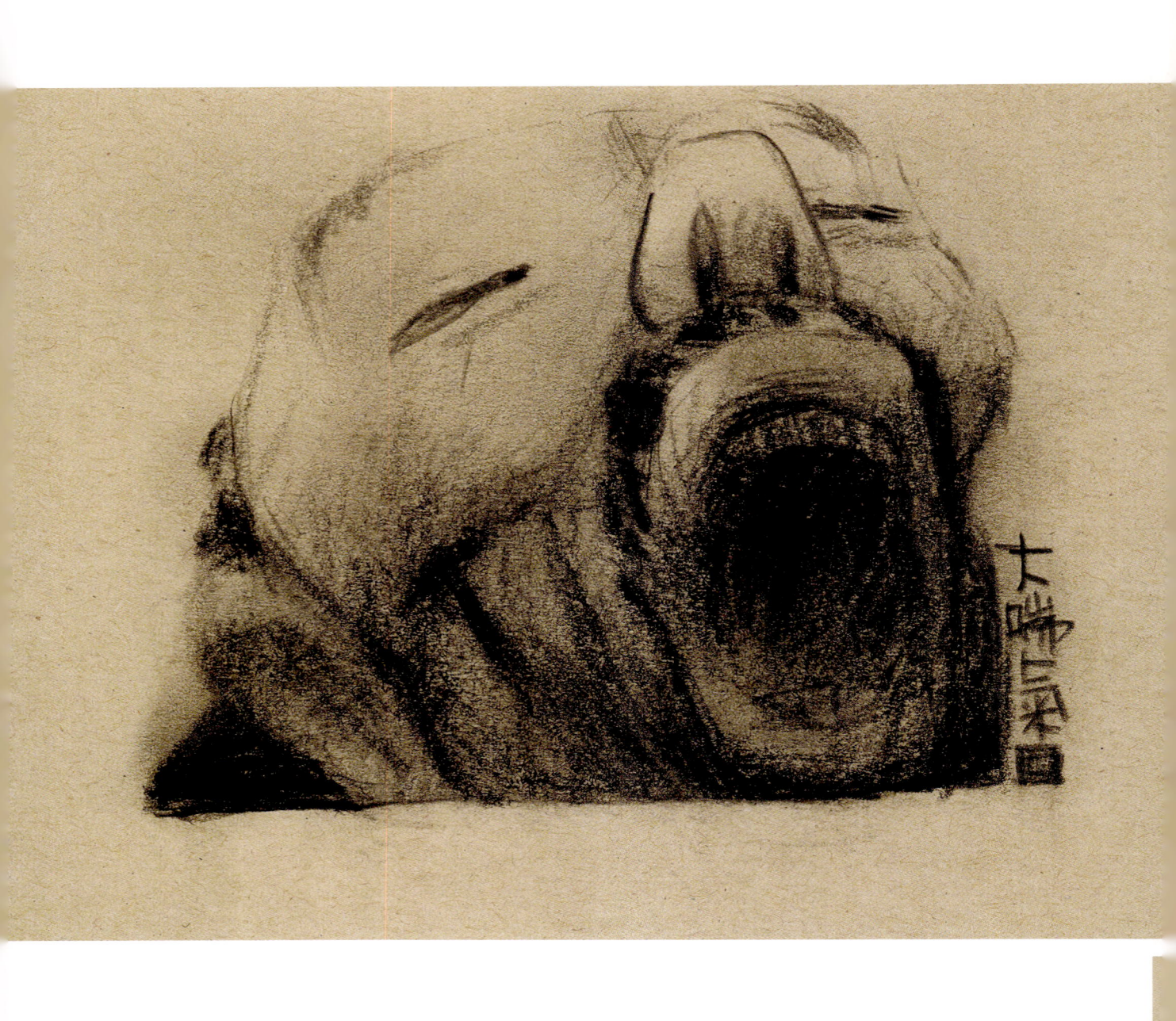

手稿系列　纸本炭笔　25.5cm×18cm×5　2020—2022

107

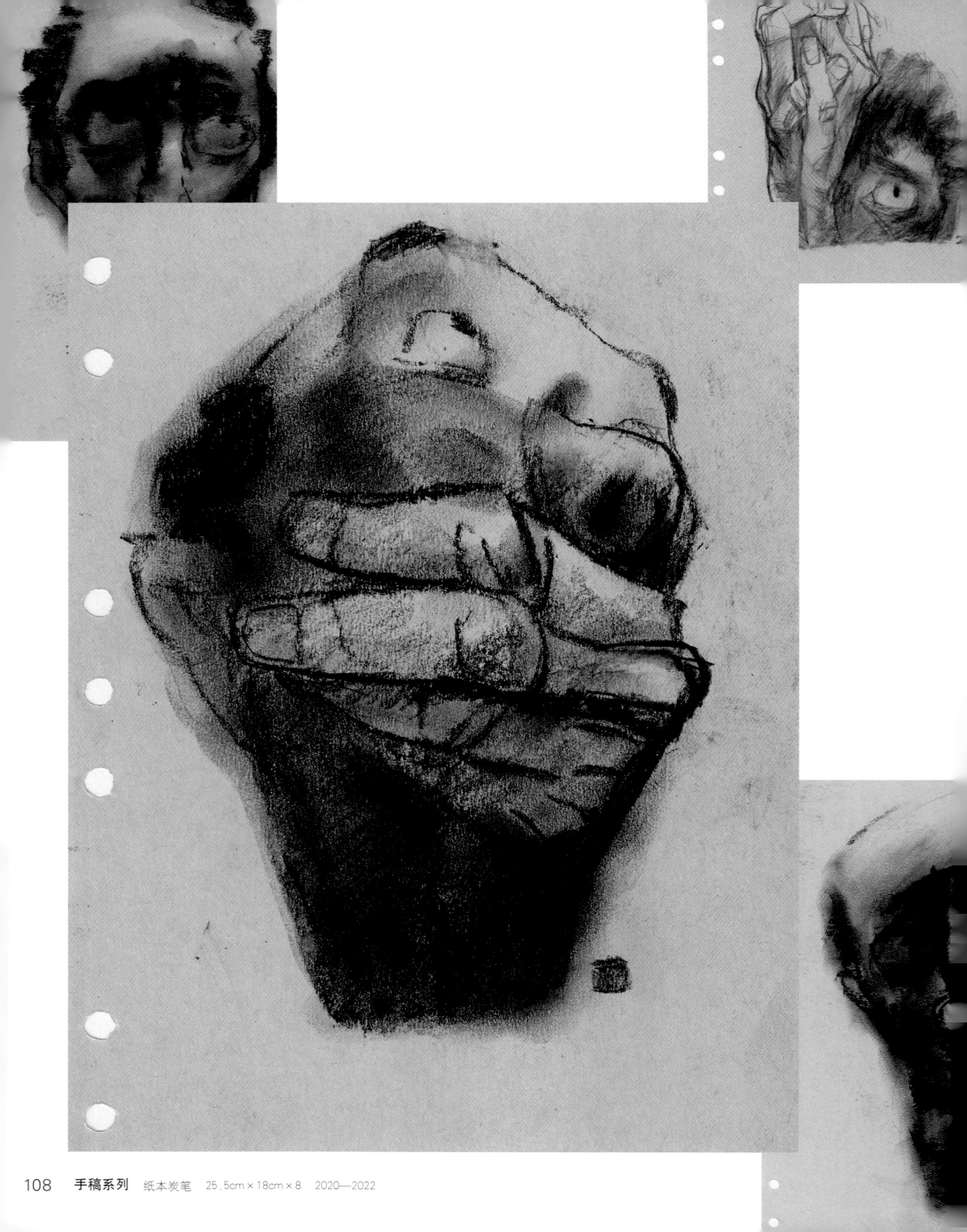

108　手稿系列　纸本炭笔　25.5cm×18cm×8　2020—2022

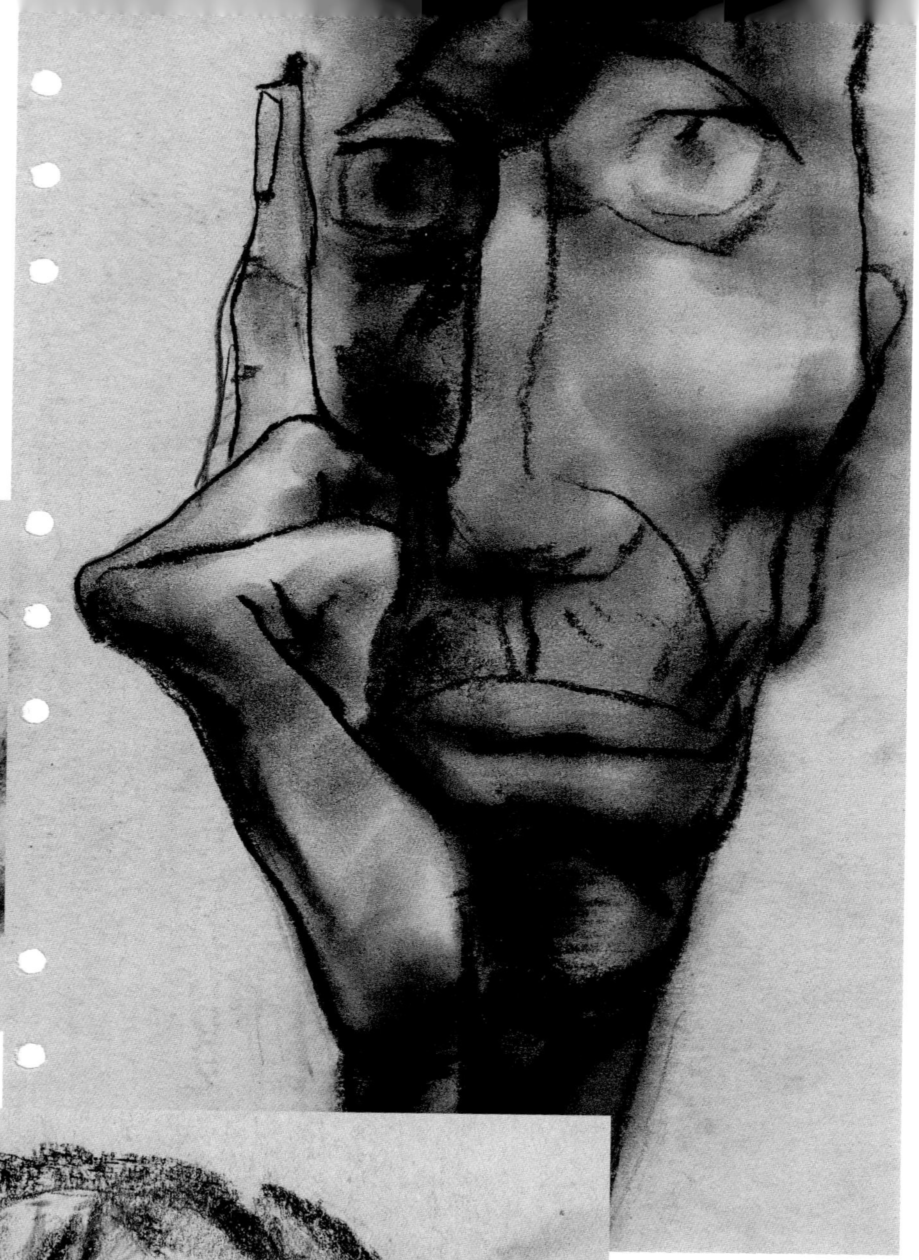

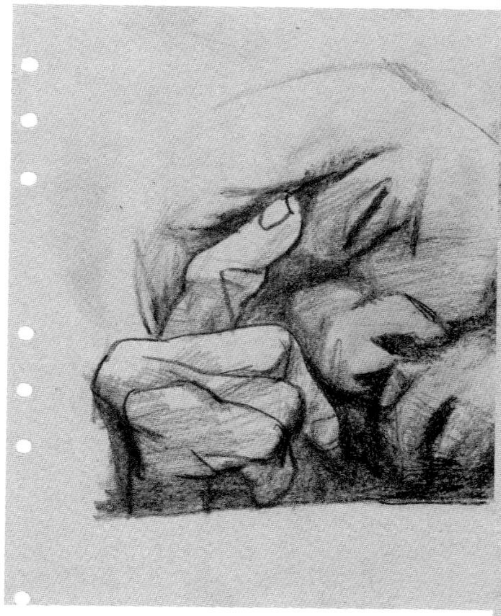

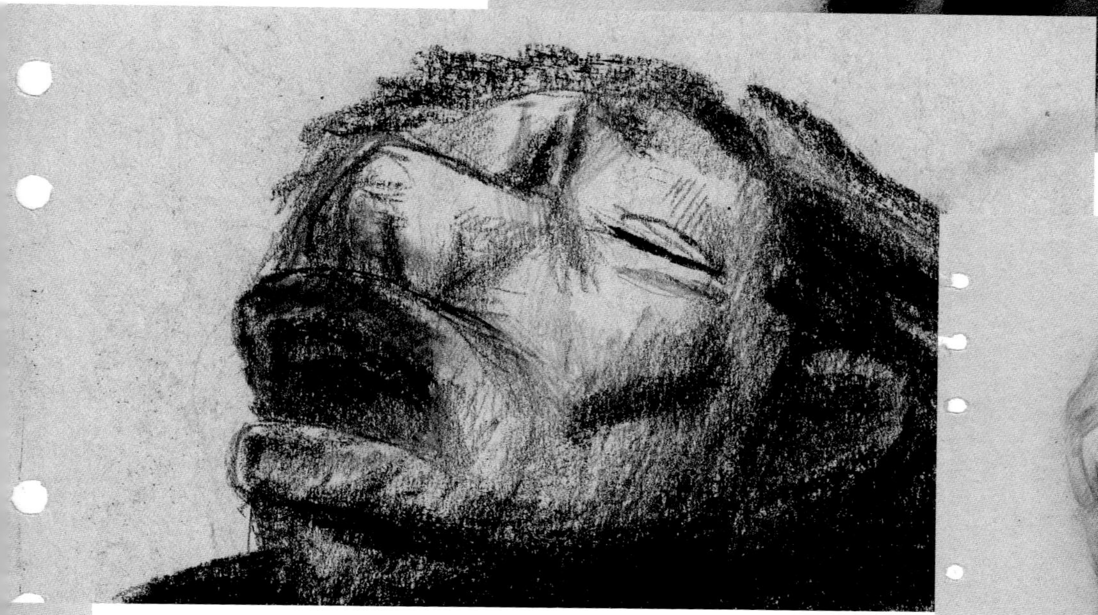

10.28

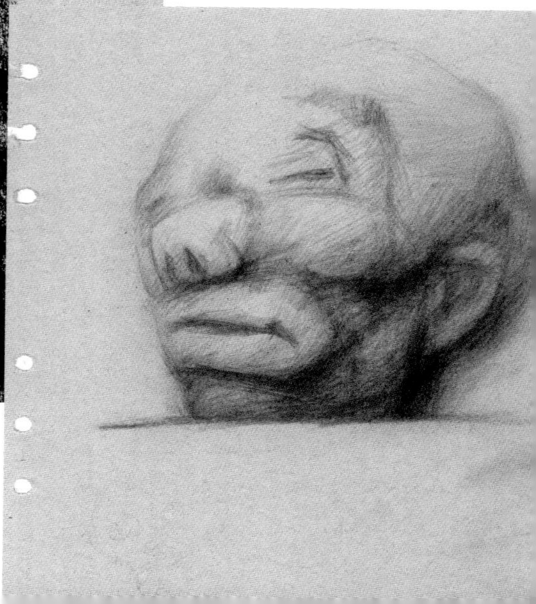

110

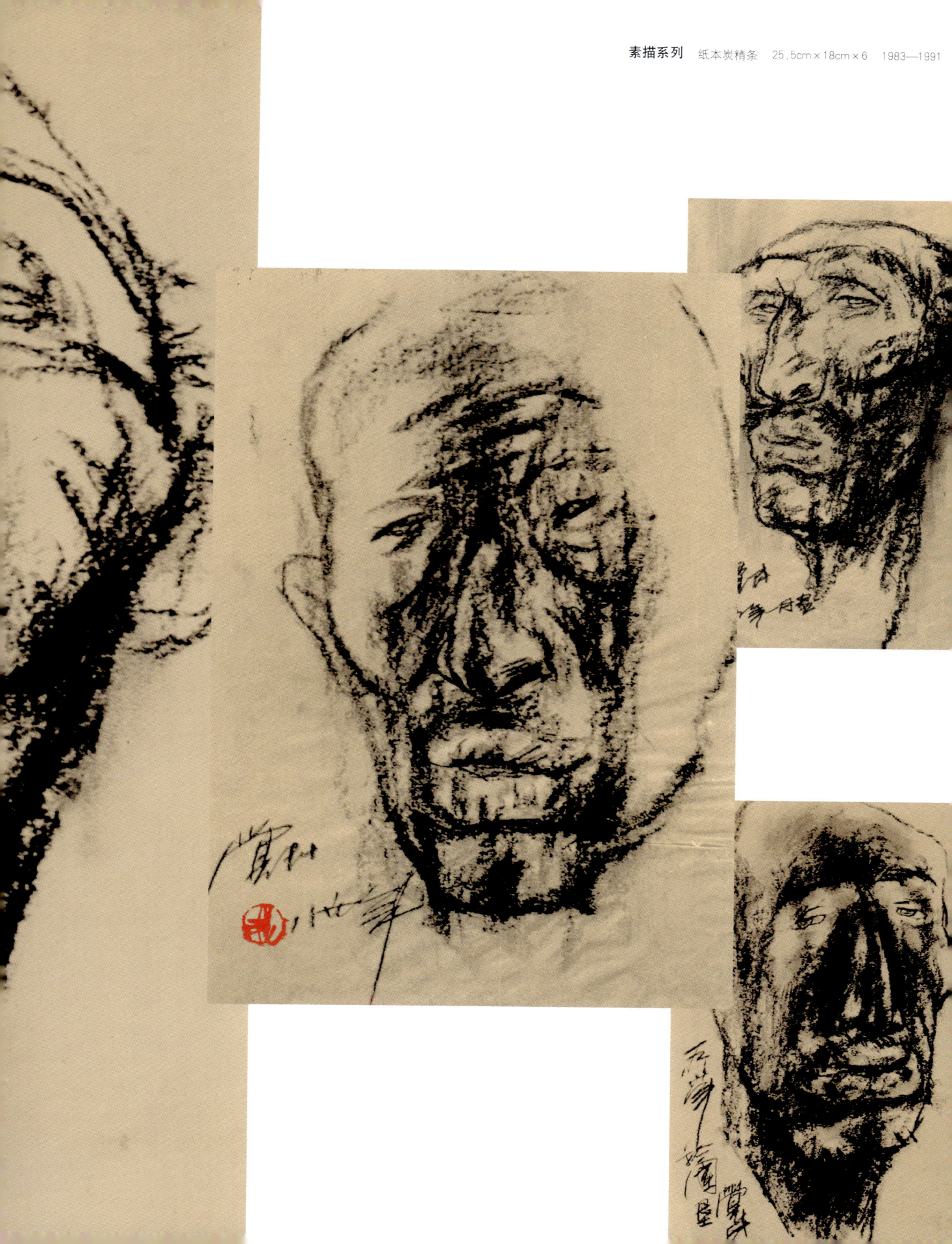

素描系列　纸本炭精条　25.5cm×18cm×6　1983—1991

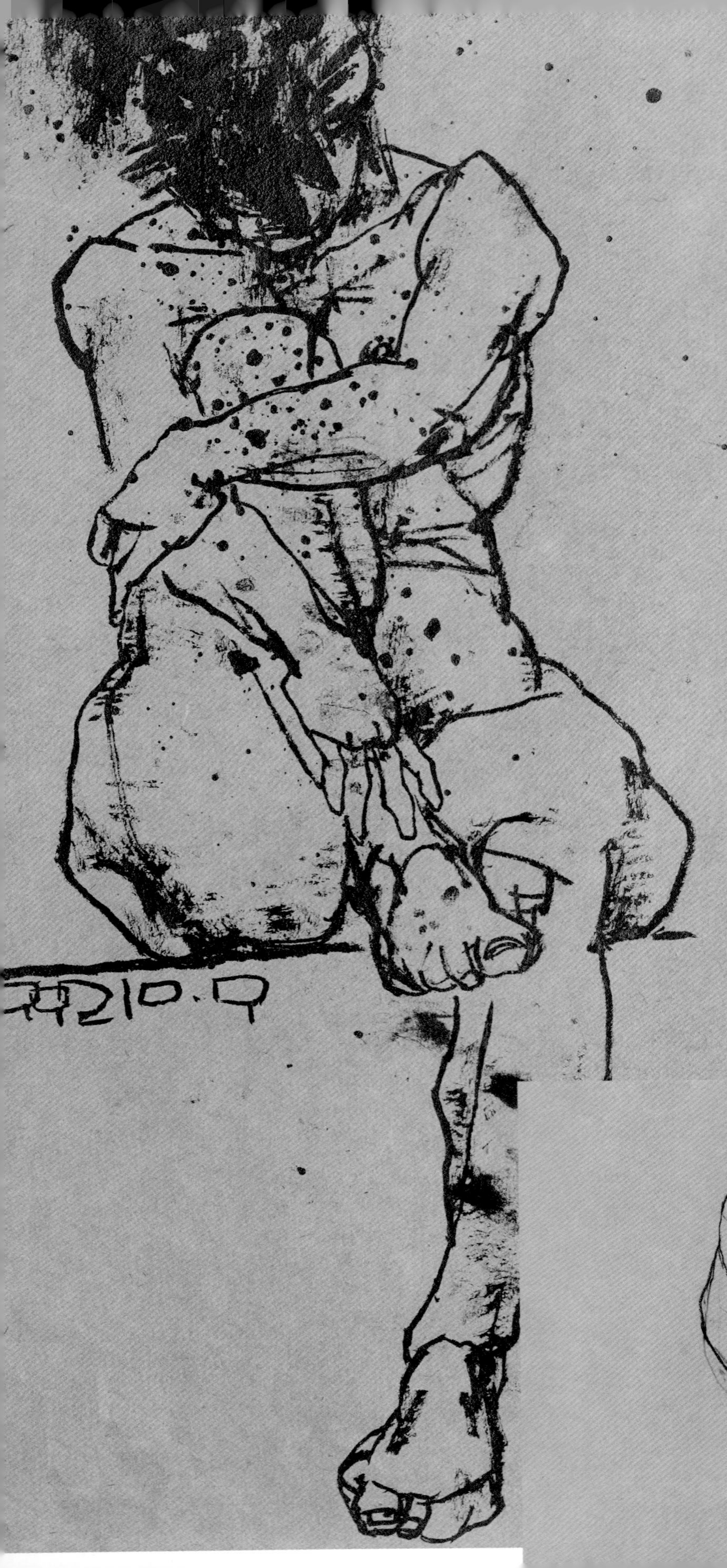

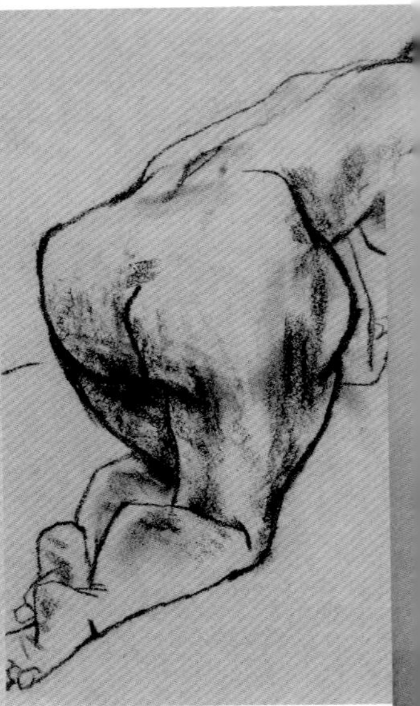

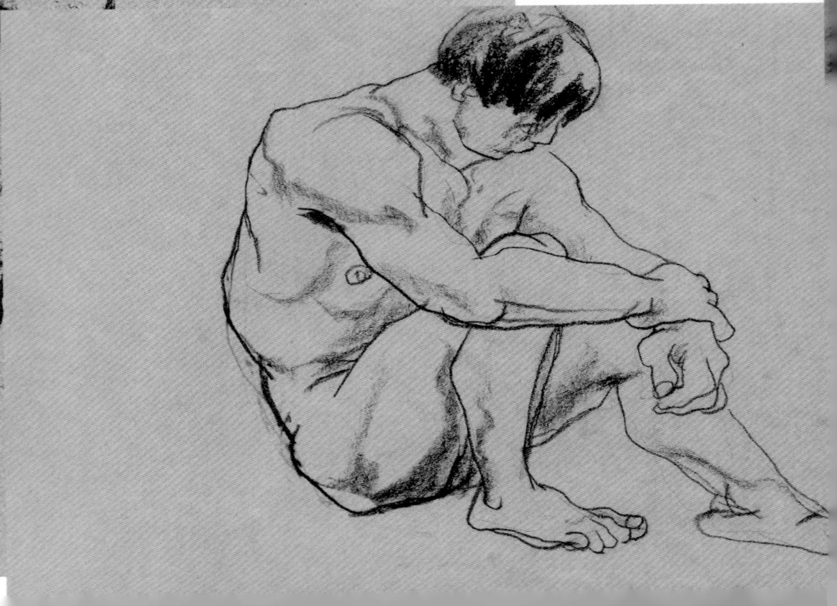

手稿系列　纸本墨，炭笔　29cm×44cm×4　1992—1999

素描系列　纸本炭精条　90cm×215cm　2013

系列　纸本炭精条　51cm×37cm×5　1989—1991

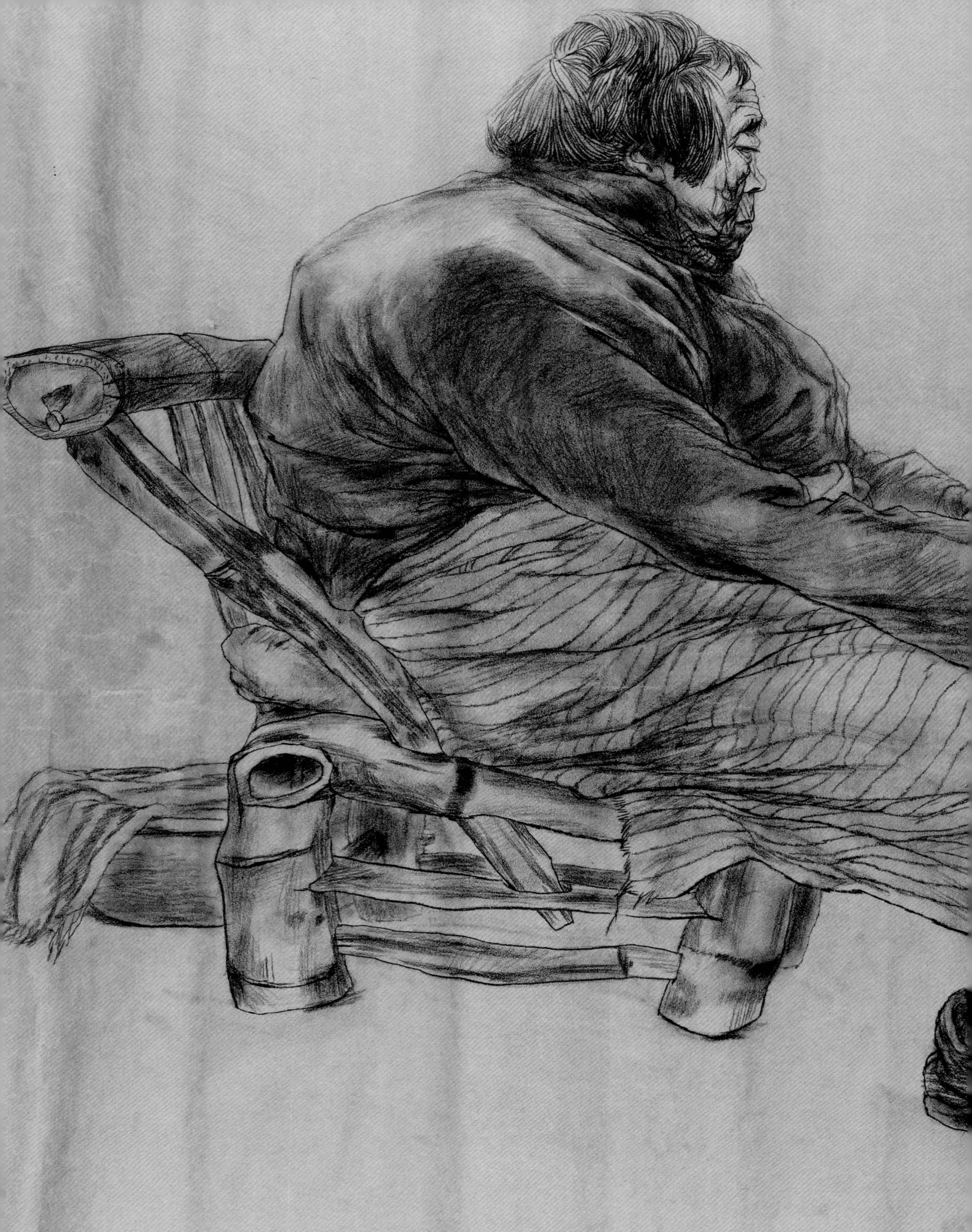

素描系列　纸本炭笔　87cm×117cm　1993

素描系列　纸本炭精条　90cm×145cm　1993

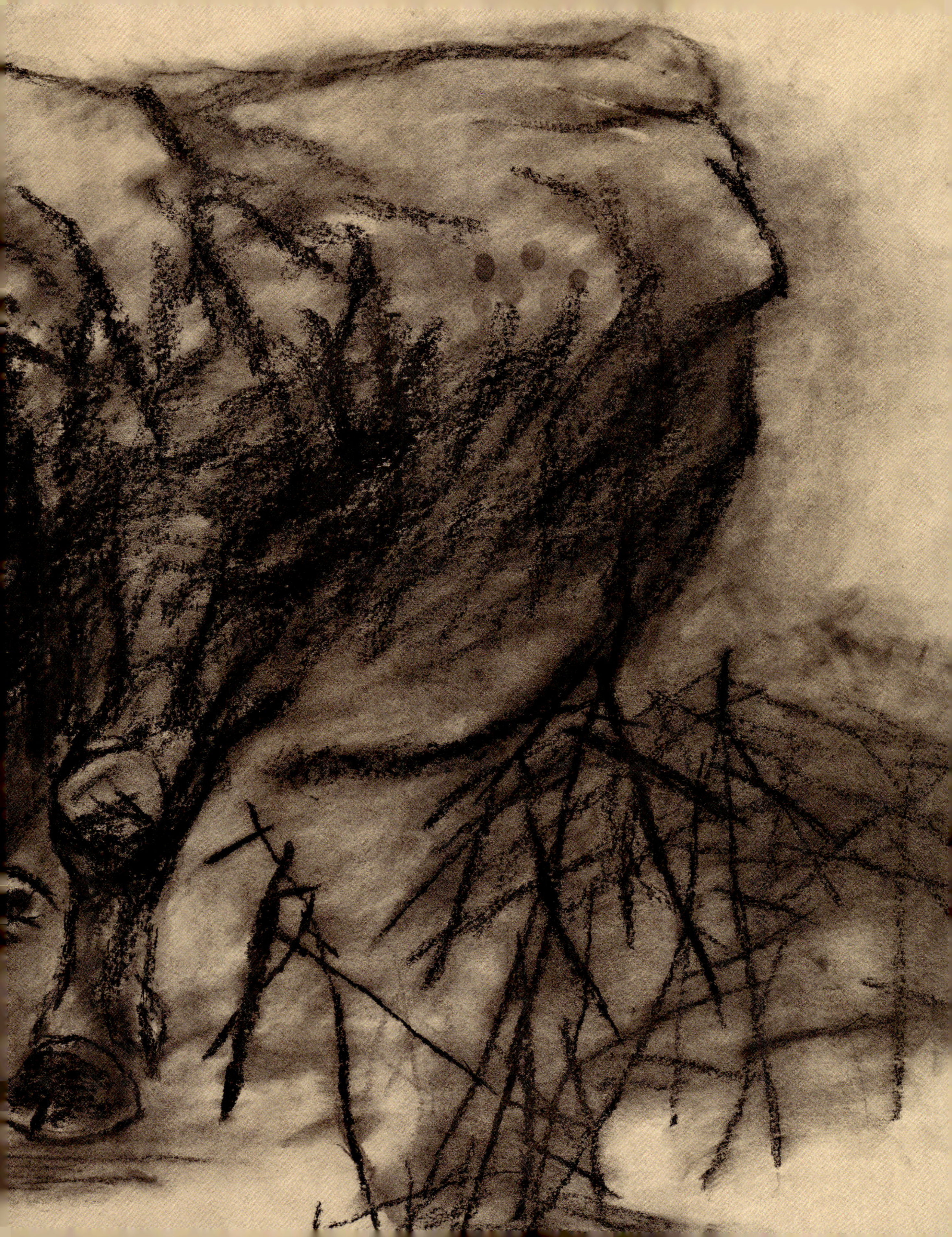

上天之眼　纸本设色　124cm × 279cm　1997

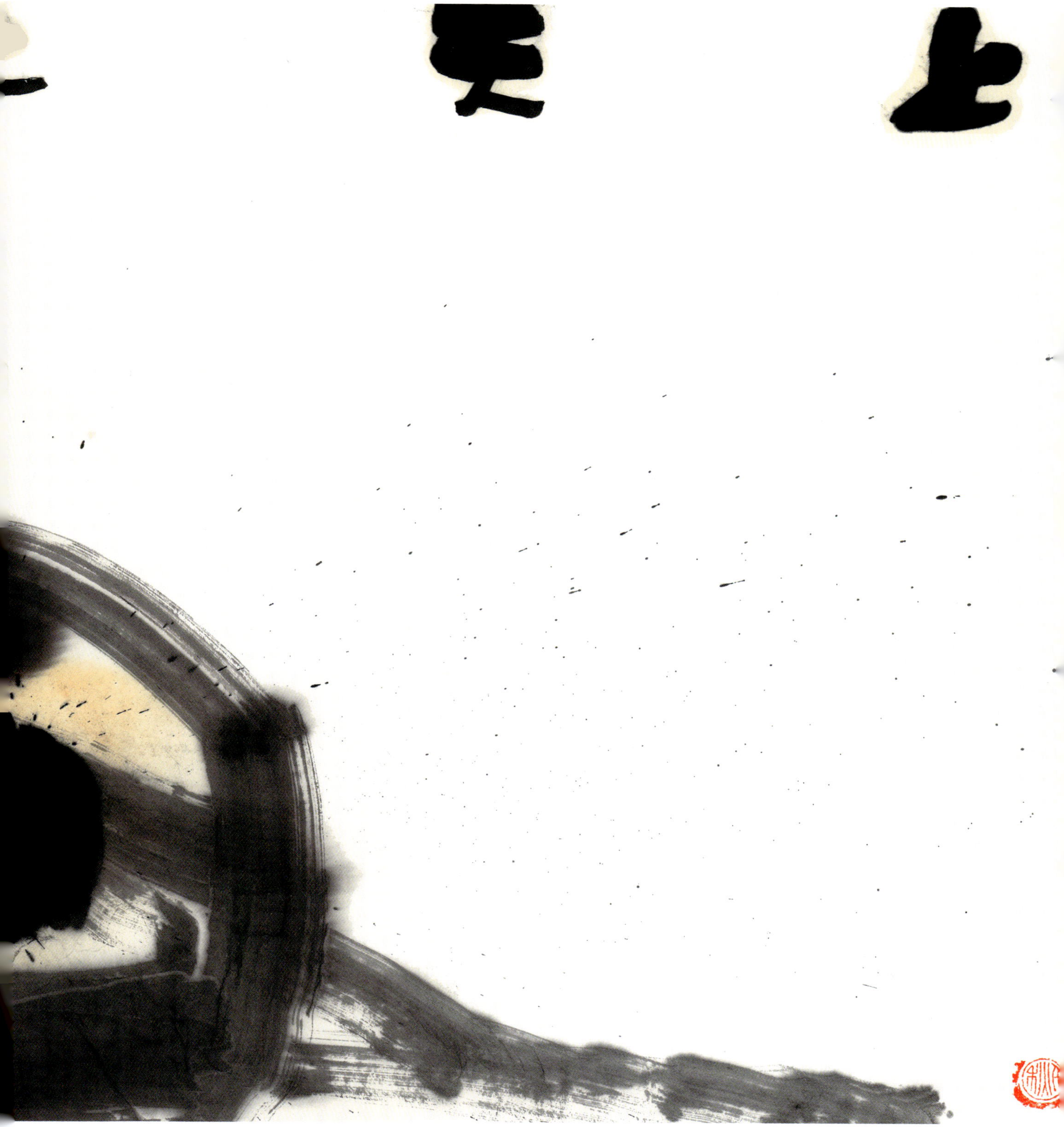
上

击　纸本水墨　102cm×247cm　1997

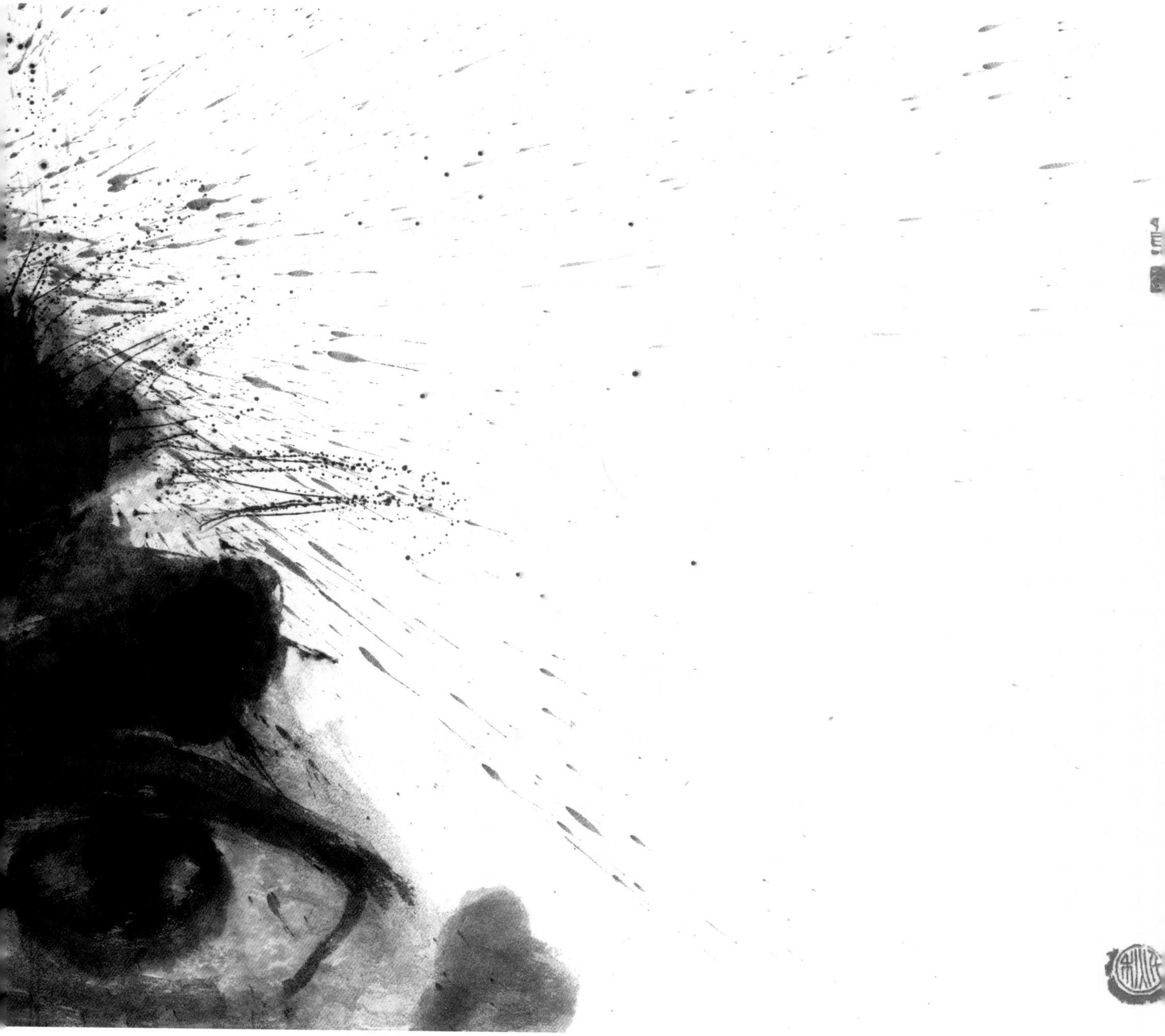

击（局部）

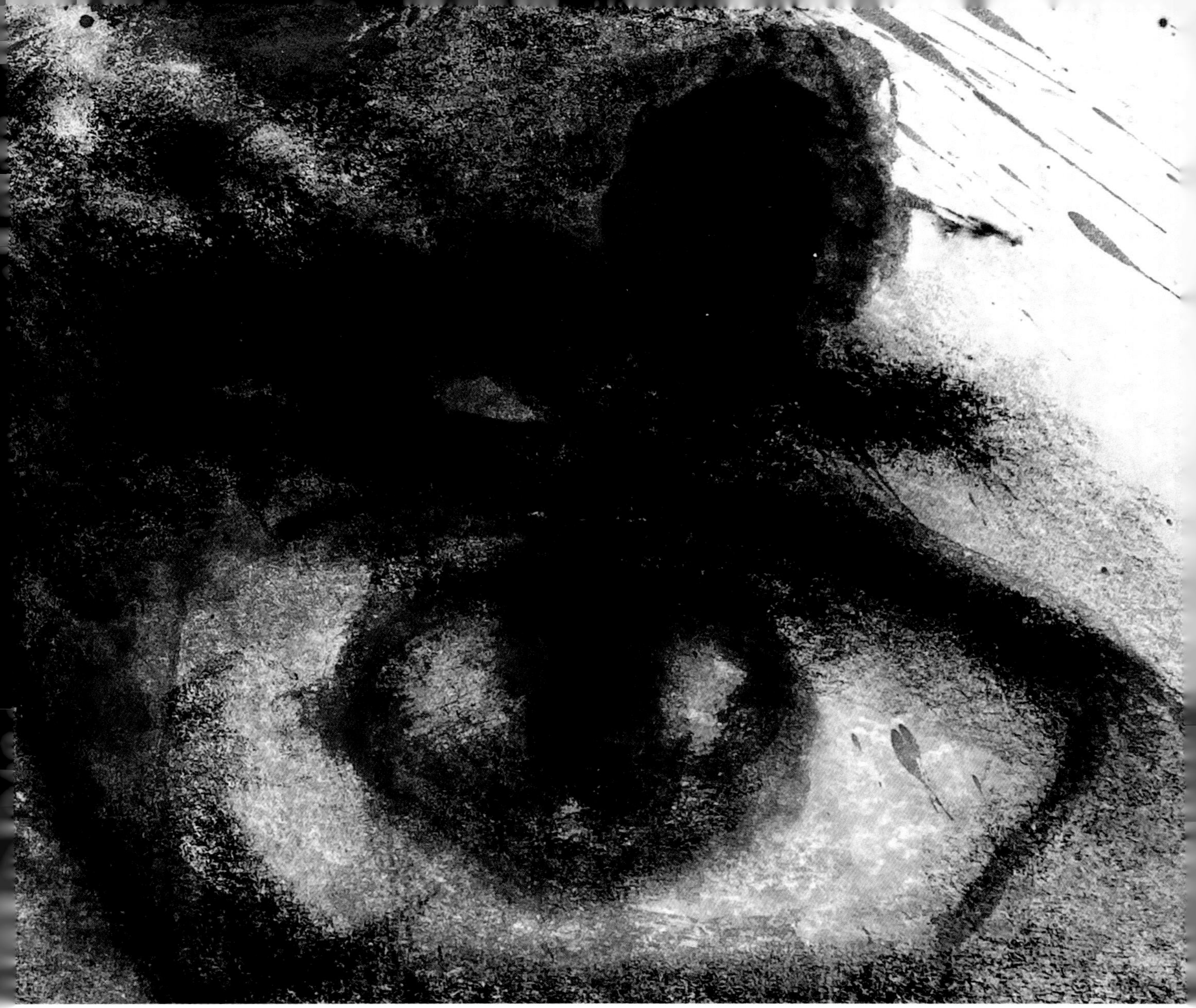

写生系列　纸本水墨　200cm×180cm　2023

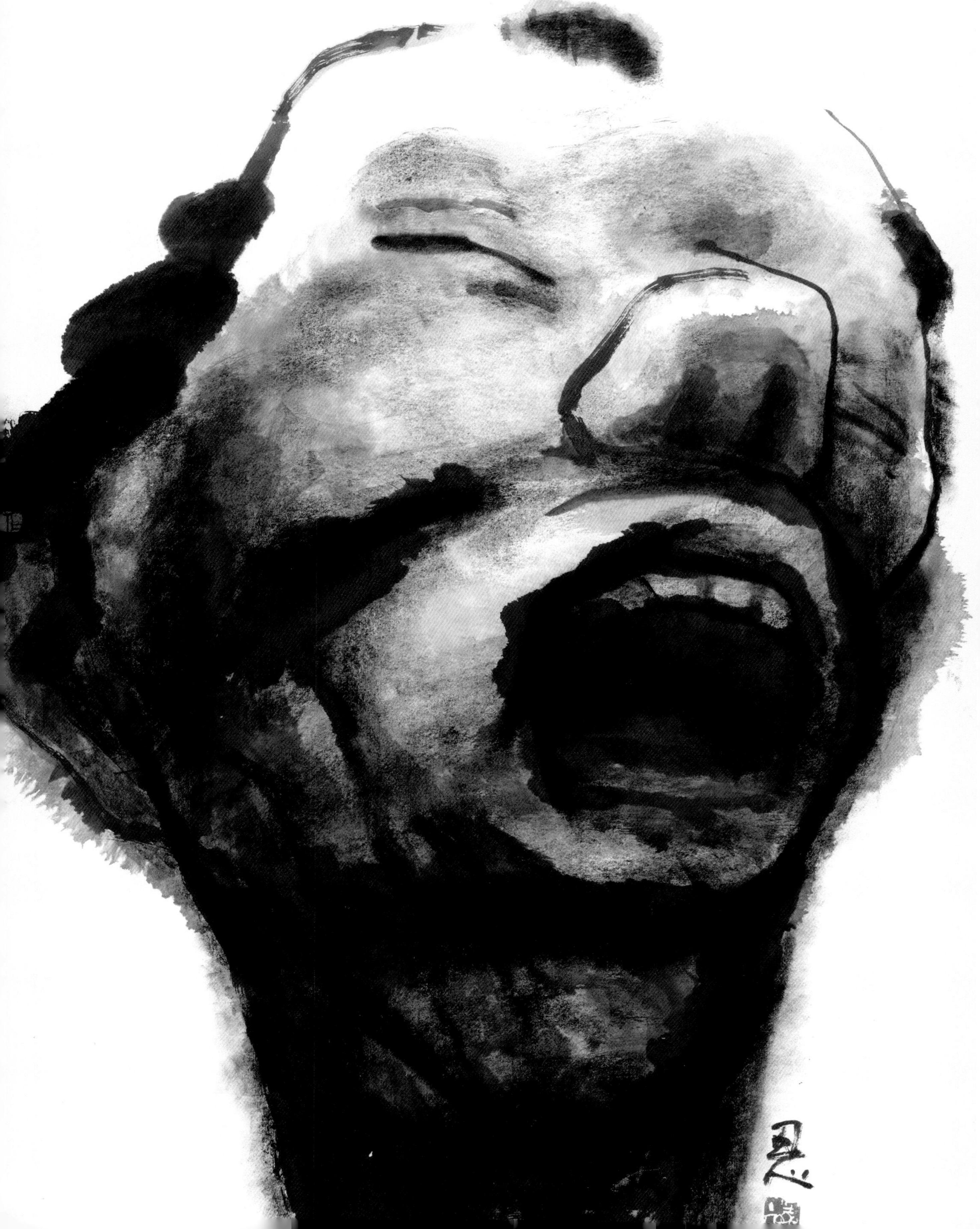

写生系列　纸本水墨　200cm×180cm　2023

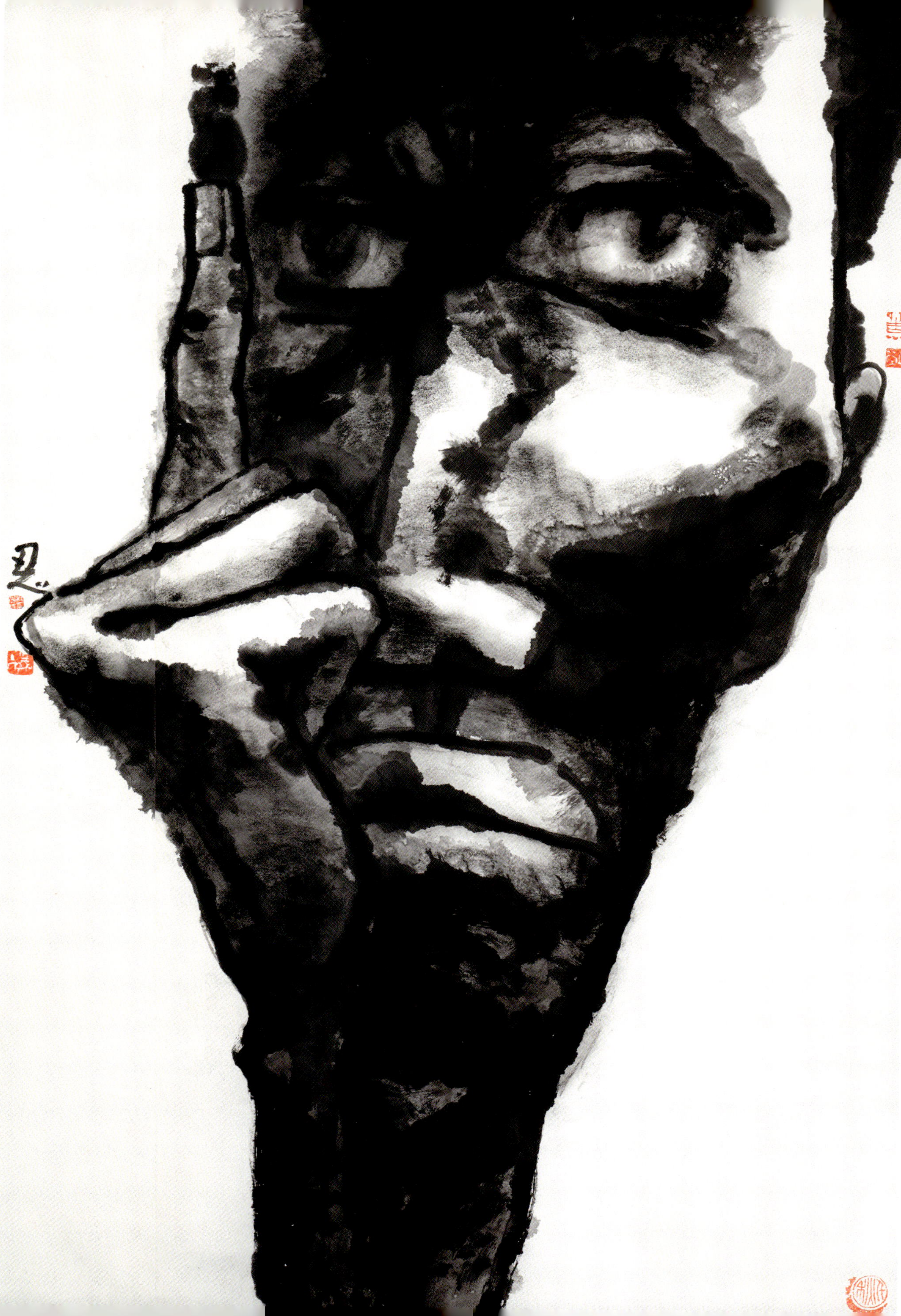

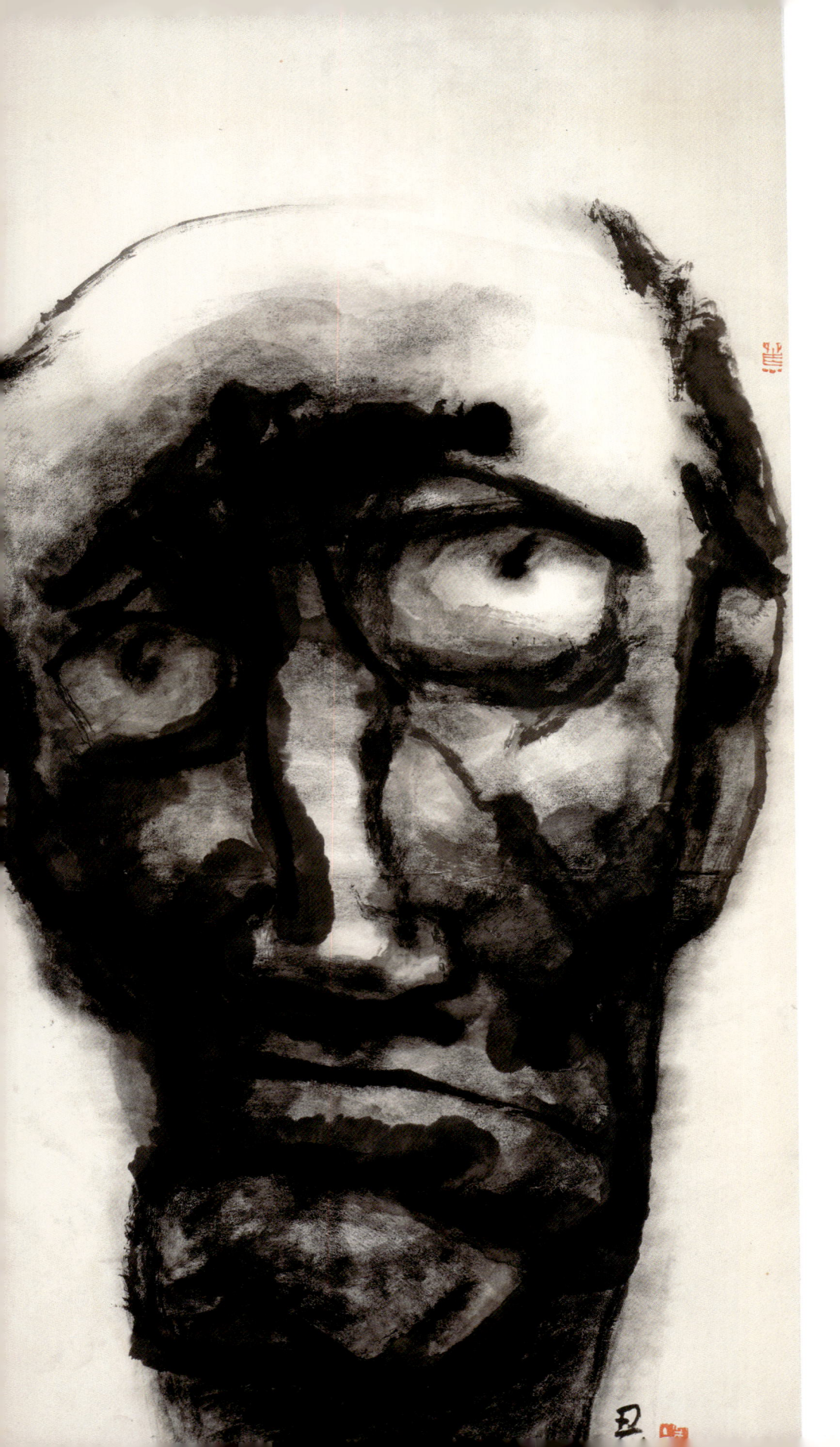

写生系列　纸本水墨　200cm×180cm

写生系列（局部）

写生系列　纸本水墨　180cm×200cm　2023

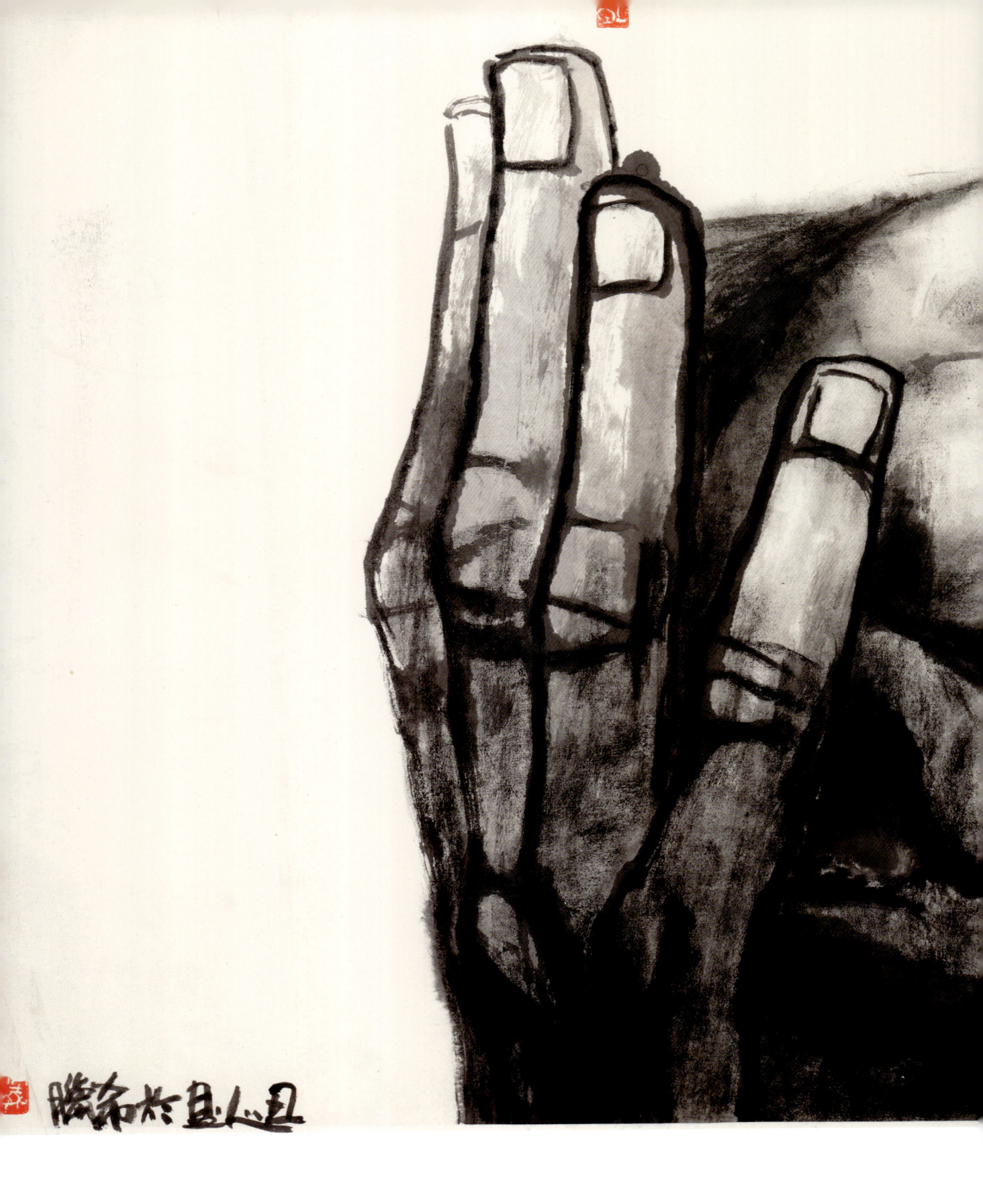

133

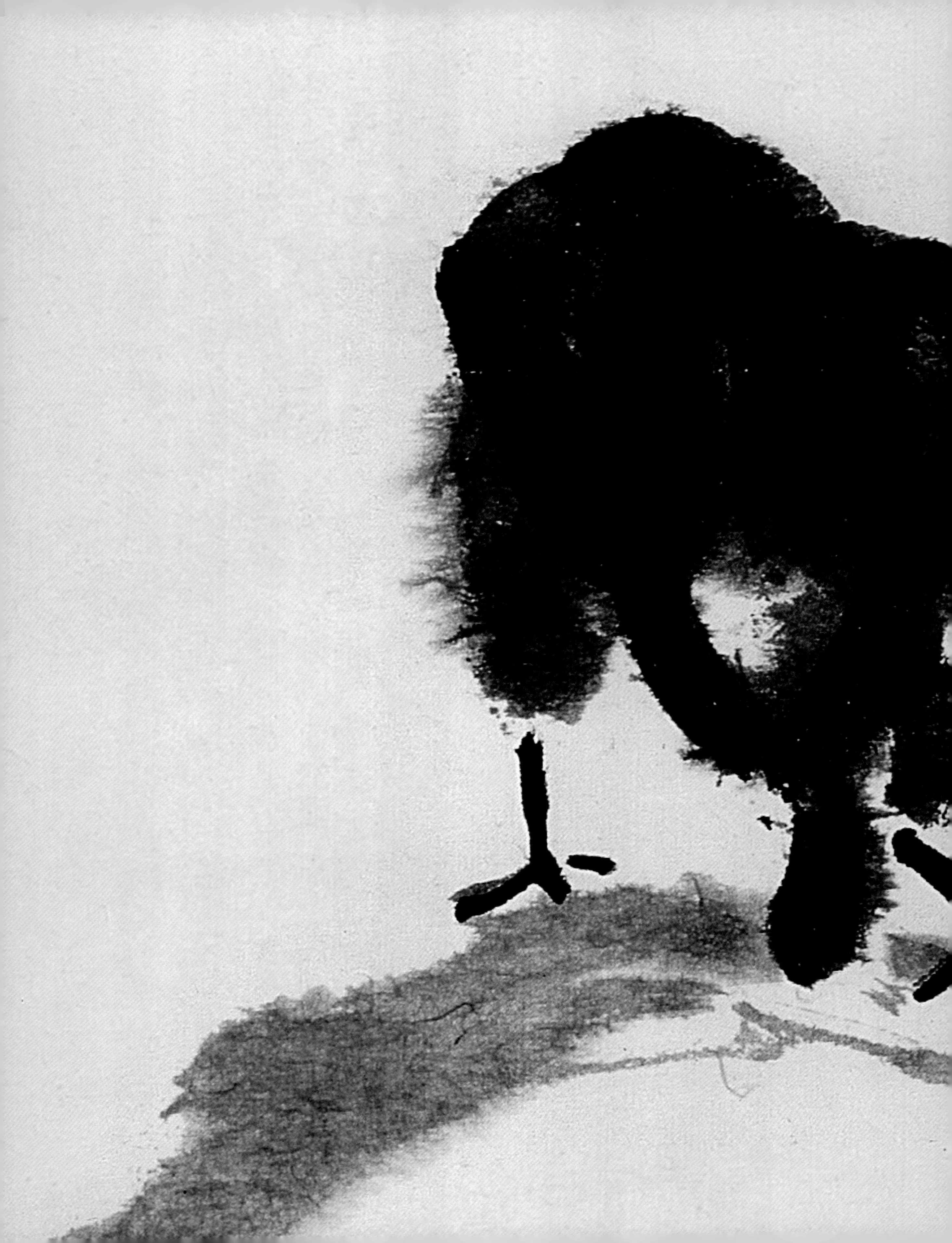

趣

八大幽灵，令我不安

文／杜觉民

一

毫无疑问，八大山人是我内心回荡最久，精神永远被他敲击震撼的一位艺术家，翻开中国美术史，那一张张面容一闪而过，你可以不置可否，但初次和八大山人相见，你的手会沉重，你无法轻易地一翻而过。

记得那是1982年，我第一次来北京，第一次在故宫里看"中国历代绘画展"，在一幅画前被震住了，这幅画很长，当时我不敢看上面的作者名字，我想，如果一看名字，我会不会因为他出名与否影响对他的作品的直觉判断。这幅画笔墨极少，究竟是什么东西吸引了我？我看了很久很久，实在忍不住去看作者的名字，是八大山人。在这幅画前我足足停留了四个小时，记得最后是坐在地上仰视着这幅画，仰视着八大（指八大山人，余同）。那时，我才知道一幅好画能令我忘却世界的存在，那时，八大像一阵狂风暴雨闯入我的精神深处，令我无处可躲，也让当时学美术设计专业的我有转纯艺术创作的冲动。

中国封建社会的权力交替永远是靠屠刀来完成的，不仅仅是靠屠刀来夺取政权，而且是靠屠刀来管理人性，经历了改朝换代的天崩地裂之变，昔日的王子而今被关进了监狱，一座巨大的精神监狱：思想被监控，行为被监控，一言一行甚至服装、发式都被控制，王子与奴隶的角色迅速变换，在八大面前，呈现的道路似锋利的刀刃，一边是地狱，另一边也是地狱，遥望头顶，时刻都可能被掉下来的刀尖刺中，却无法背身而去，因为背后同样是刀，无法让绷紧的神经安静，无法让恐惧远去，被巨大的悲哀和绝望笼罩着，这无边的黑暗，没有一线希望、一丝曙光，这就是八大笔下流出的黑色记忆——压迫和恐惧留下来的悲情记忆！

当一切都被驯化成屈从和顺应时，当一切抗拒都寂静无声时，面对着残酷的现实，是骄傲地保持沉默还是在极端愤怒中爆发？用笔墨向权力献媚还是诚实地揭示内心？八大选择了远离权力，鄙视政治，在精神层面上封闭敏感的触觉，当整个心灵沉入黑夜，沉入暗无天日的绝望无奈，他的内心仍然涌动着冲击死亡洞穴的生命激流，当这种涌动的激流被死死堵住时，无边的忧伤和孤独的绝望铺天盖地向他袭来！

或许，人只有忧伤到极限时，心才能更接近上苍，八大在孤独的忧伤中展现自己！也在上苍的注视下显现自我！透过他留在纸面上的笔线墨痕，能读到他内心的痛苦，生命的疲惫，根根笔线仿佛他心灵深处的条条鞭痕，滴滴残墨像紧紧铐住他手脚的锁链，但在

无语系列　纸本水墨　38cm×46cm×3　2015

鞭痕、锁链之中，仍能感受到在极度痛苦中伸展的不屈精神。肃然而敬的人格精神，似丰碑在心中竖立，深厚的人性融进笔线冲泄着水墨残痕……

二

我曾日夜苦思冥想，艺术蕴含的真理究竟是什么？八大的艺术确实敲开了我被黑暗冰封的心扉而通达升华的精神境界，让我能隐约捕捉到灵性之光，接近艺术之真理。

艺术所表达的见识和真理，是科学和理性无力呈现的，其蕴藏的心灵感受是一个全新的领域，既不受现实的压抑也无须理会现实的禁忌，所以黑格尔把艺术归纳于"绝对精神"。艺术的内在精神致力于人格的体现和人性的解放！甚至不惜以死为代价，以毁灭自己为表达的内在真理，所以，它所表达的是人对人性解放的向往，还有一层意义是对现存社会的批判（这两层意义在八大身上都具备），这种批判不仅仅是对现实不满，更多来自于人性深处对极权社会的抗拒，一种情绪性的对抗，确切地说，这种艺术上产生的精神张力是由于艺术家站在社会的对立面而存在的，这种对立姿态的艺术，是艺术家精神深层次地被压抑之后，无法排遣之下逼着他向可倾诉的纸面上去叙说！

易卜生在《人民公敌》中说过"多数人总是错误的"，"世界上最有力量的人是最孤立的人"。艺术真理是在抗衡集体同化的过程中才呈现出来的，孤独不依的艺术家在与大多数人抗拒中，才能更靠近真理，才能呈现出生命内在的真实、丰厚的精神涵养与思想的灵光。艺术能贯穿个人经验建立的屏障而沟通人心，在顽固狭隘的人性本质中注入更广阔的人文精神，分享世人之悲欢，并透析生活中不曾经历的事实与虚幻。

艺术最可贵的特色，是能够把人类经验浓缩成精华传给后代，如实地保存了当时的真理，成为精神文化的活的记忆，艺术传承着文化的灵魂！

在权力面前，八大用羸弱的躯体，在煎熬中承受着被压制人群的全部痛苦，献给人类一束含有他脉搏跳动的记忆！

三

站在八大画前，你就会被他创造的整个无限空间吸引，在这个内在的宇宙空间，语言与感情已被凝固在那凄绝的寂静世界里，飘浮在空气中深沉的忧郁，仿佛吸纳了世间

无语系列　纸本水墨　136cm×34cm　2012

一切苍凉，静静地在纸上安魂！

　　画面上的鸟和鱼，或鼓腹缩颈、忍饥寒、艰苦自持，或两眼仰视画外，以冷冷逼<u></u>的双眼，直视青天。所画之鸟，又极具敏锐<u></u>恐之态，非常恐惧地注视着无形的空间，仿<u></u>上空悬挂着一把无形的剑，稍不谨慎，就<u></u>落在它的头上，画面弥漫于空间的是一股<u></u>烈的情绪，这不是普通的情绪，这是一种压<u></u>的，令人喘不过气来的情绪！

　　巨大的荒诞直接倾泻在他身上，几天<u></u>内，国破家亡，"治国平天下"的理想瞬间<u></u>失，就连自己的生命也如握在他人手心的<u></u>鸟，随时可能消亡，他明白昨日的世界一去<u></u>复返了，不但无法夺回失去的政权，连直抒<u></u>神世界的真实都不可能，他知道飞蛾扑不<u></u>灯火，命运的荒诞直接摧毁了他的理想世界<u></u>压抑和死亡直逼灵魂。渺小的个人与巨大<u></u>极权铁掌相对抗，无异于用鸡蛋去对抗厚<u></u>的石墙，在这无处可躲的巨大的悲伤下，即<u></u>最坚强的灵魂也会被逼疯，他只有唯一的<u></u>路，尚容可喘一口气的一线希望，用笔墨在<u></u>上宣泄，非直接地、隐晦地发泄着内心的<u></u>吟，于是非常厉害地变形、浓缩、简化到<u></u>无法理喻的地步，清醒的八大用笔墨表现<u></u>心的抑郁；枯笔残墨诉说的是荒山剩水<u></u>无人烟，枯枝败叶夹着他的失望与哀愁，<u></u>独立的鸟，疲倦欲死，垂头丧气，冷冷的<u></u>仇视着世界，凄寒冷逸之中，诅咒着清朝<u></u>灭亡。

　　八大把内心铺天盖地的悲凉转换成<u></u>墨形象，他用艺术稀释了现实的紧张对<u></u>他用道家、佛学，用高品位的文化审美<u></u>滤现实社会，从而在精神上超越了那堵<u></u>的、不可一世的顽固石墙，毕竟，最高<u></u>墙也无法遮蔽蔚蓝的青天，他用含泪带

墨记下精神深处常人无法经受的哀鸣，用
墨秃笔把笔墨减少，凝聚到无法凝练的程
，把悲痛浓缩成绝响！寂静中的绝响！

然而，这凝重的笔墨不仅仅是笔墨，是铺
盖地于虚无中留下的真实存在，是冰川绝
可见的温热印迹，是生命极限孤寂无望的
泪倾诉，是在无边无际荒诞命运支配下的
命记录，可能生命走向极境更能与真理接
，巨大的孤独才会产生永恒的作品，走近八
，犹如靠近一个崇高而令人肃然的伟大灵
，犹如世界天文台以"朱耷"命名的那颗新
，在广阔夜空上闪耀着永恒的光，照亮着时
沙尘上一串串脚印！那是后世仰望者的脚
。不仅仅是照亮！八大还用沉沉的思索和他
绝的悲悯，穿越历史隧道的黑暗，穿越当时
数麻木的灵魂——照向永恒！

走近八大，整幅画面犹如冬日雪地上阴
的灰色月光，令整个宇宙一片悲凉，透过纸
能感受到八大用流血的伤口去磨砺刀尖的
壮，那从深渊中喷泻而来的令人日夜不宁的
呻呼啸，令灵魂战栗！

透过明清以来时间的斑驳裂痕，仍能看
流浪在风清月冷的废墟上的八大，整个心
是地老天荒的孤寂，这是一位天才在通天
地之后的无所适从，无可泣诉的孤独绝望，
佛广漠之野的千年老树，一切眼前风月都化
沧桑枯骨，犹如灵魂被紧铐之后发出的绝
之声。

无语系列　纸本水墨　136cm×34cm　2012

无语系列　纸本水墨　136cm×34cm×4　2012

昨夜雨颠风，啸扫尽残蕊孤蕉却如七，翁倚石墨榴枝头猫笑

酒洒昨夜颠狂 荷塘一片昏黄 孤影野鹭寒汀 目色尘外流霜

有心無意 一幅 歲在壬辰初夏 賢民畫

无语系列　纸本水墨　38cm×48cm

語系列　纸本水墨　37cm×48cm　2015

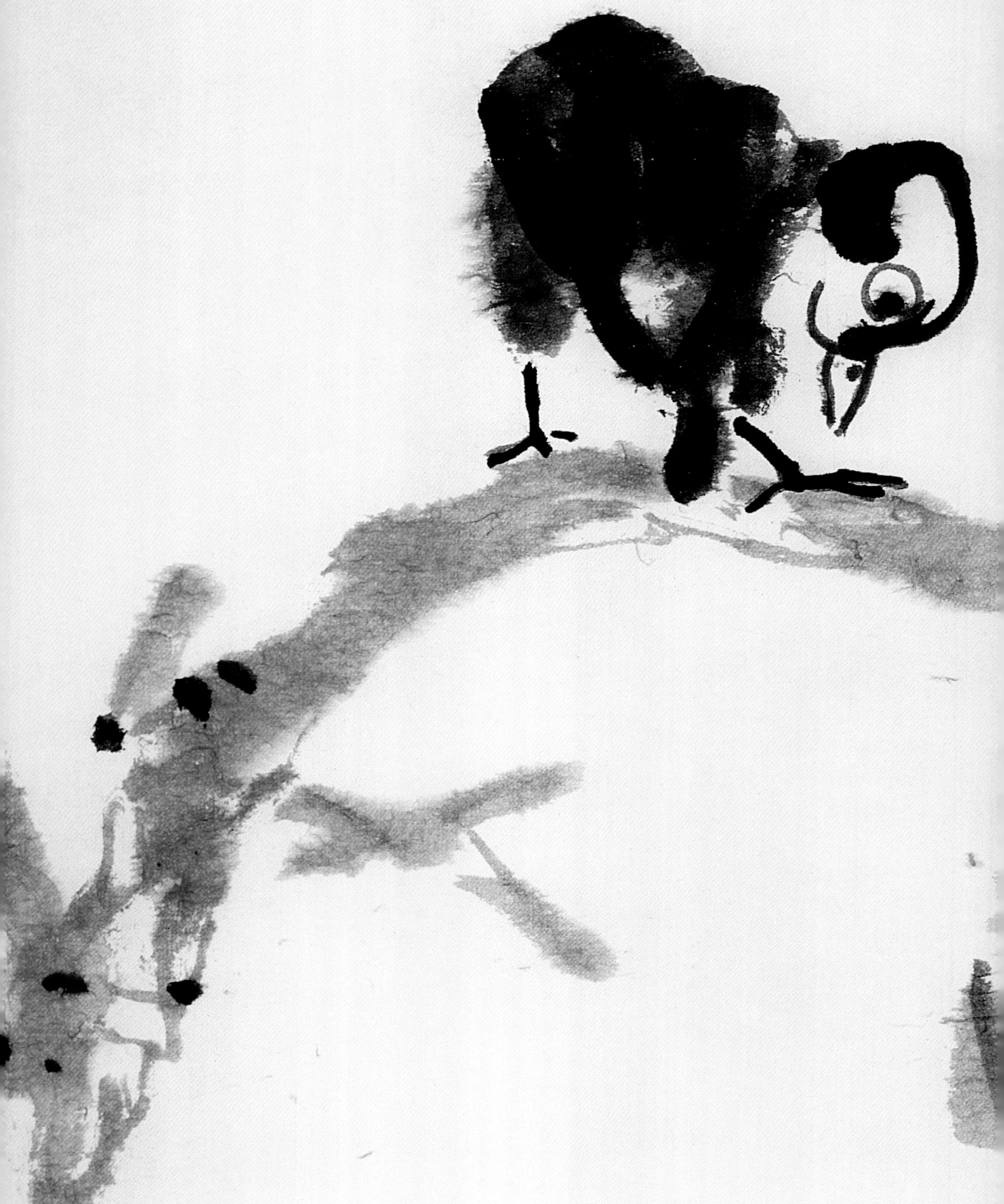

无语系列　纸本水墨　38cm×48cm　2015

无语系列　纸本水墨　50cm×37cm　2015

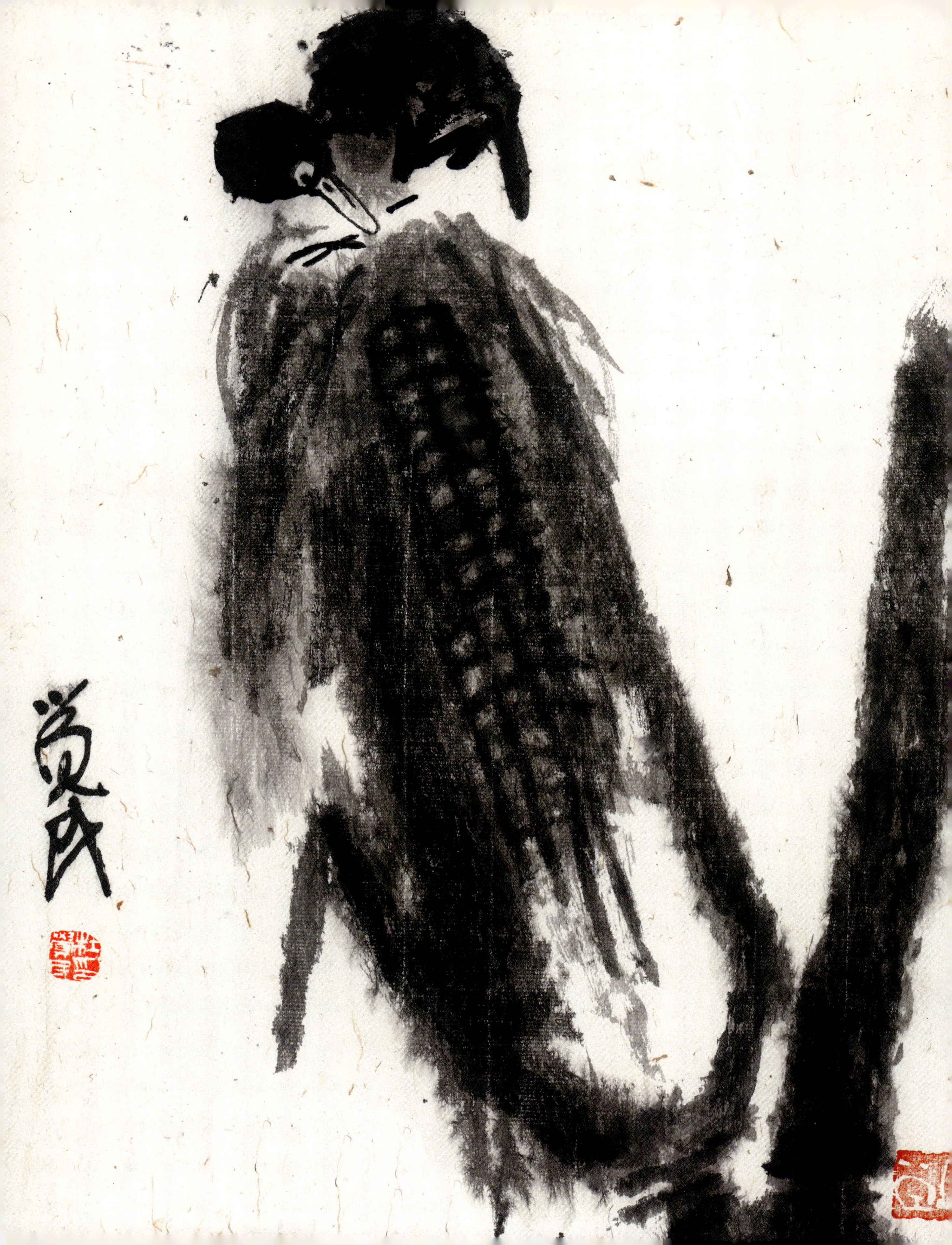

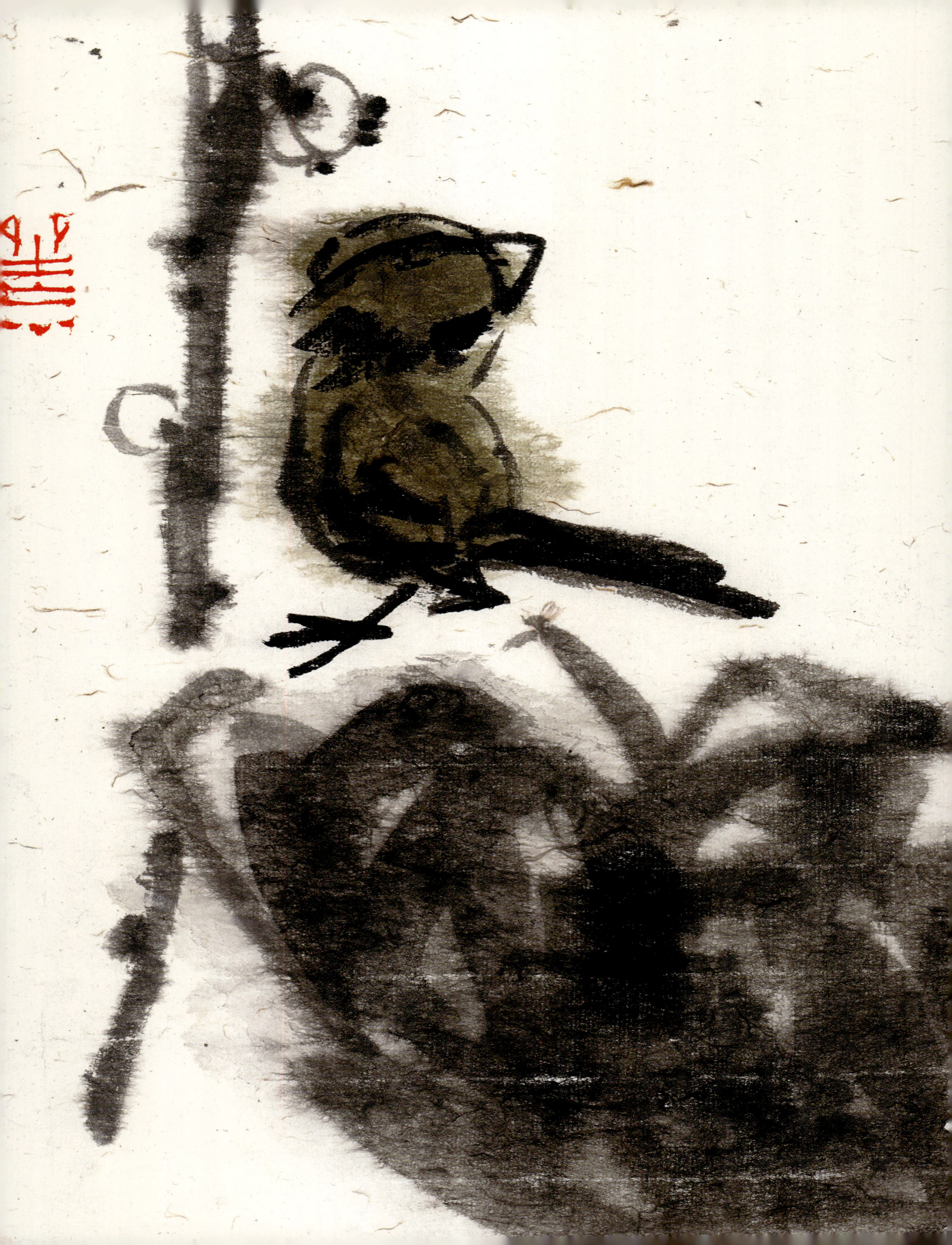

无语系列　纸本设色　38cm×49cm　2015

无语系列　纸本水墨　38cm×48cm　2015

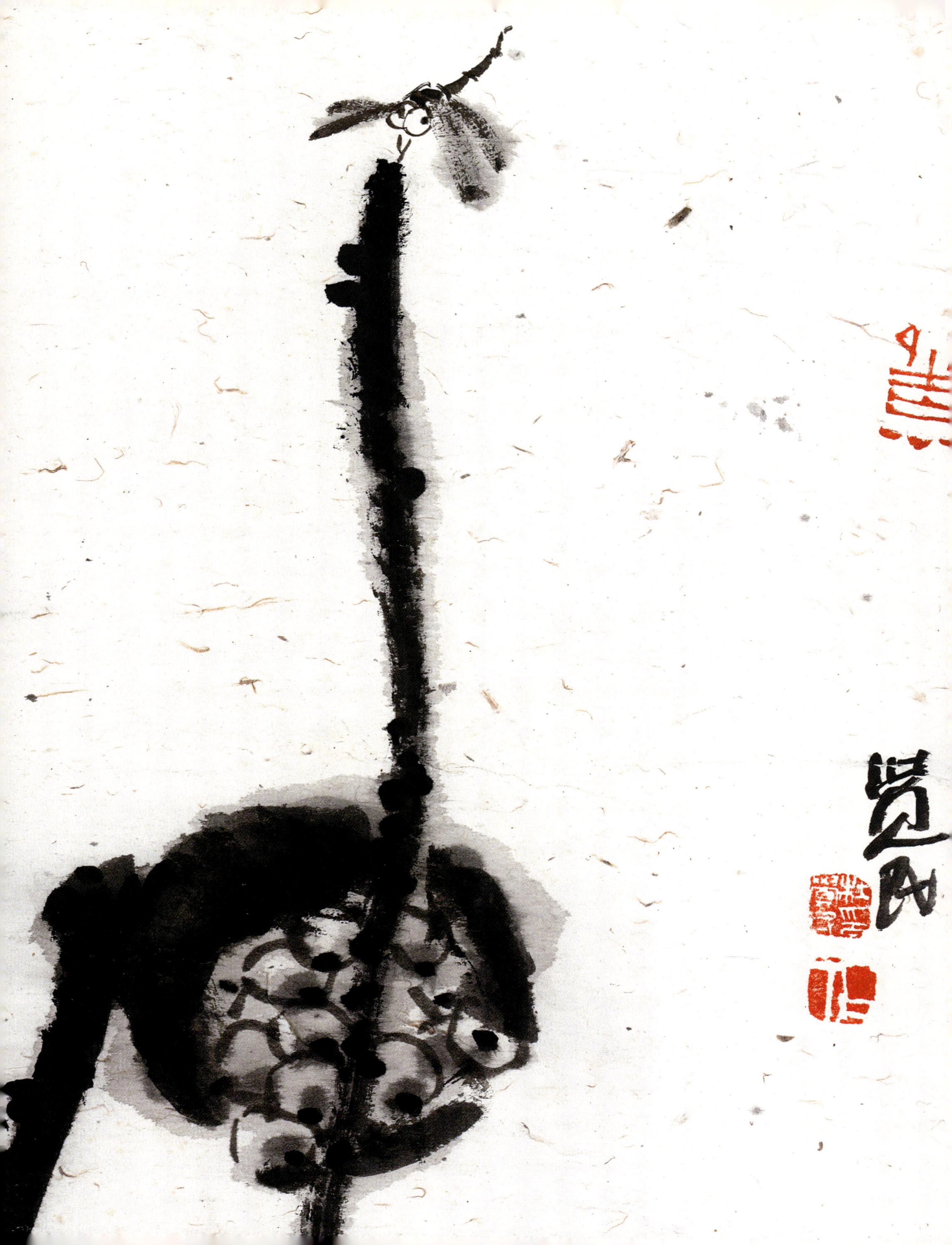

无语系列　纸本水墨　39cm×49cm

系列　纸本水墨　39cm×49cm　2015

无语系列　纸本水墨　38cm×49cm　2009

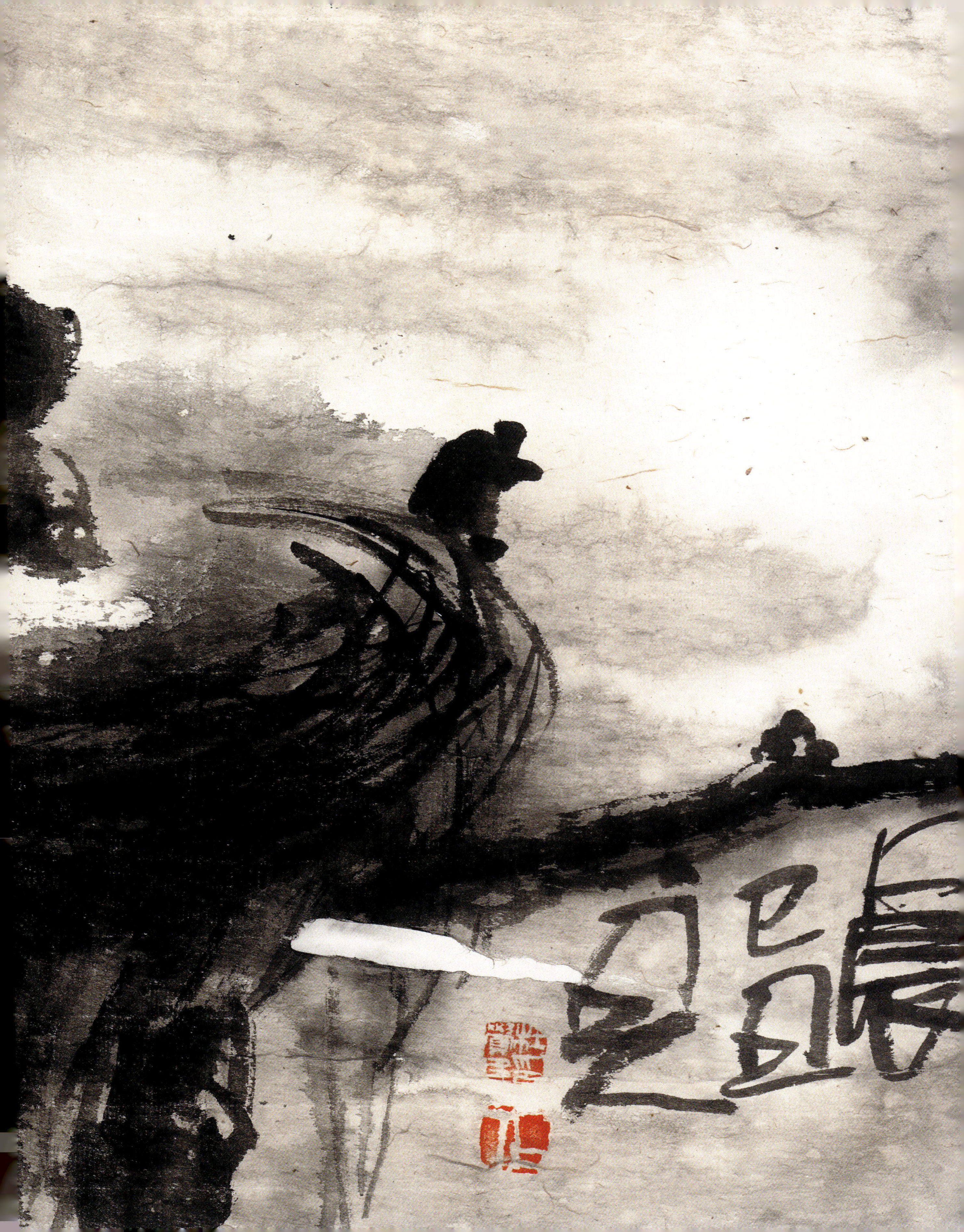

无语系列　　纸本水墨　　32cm×181cm　　2015

无语系列　　纸本水墨　　38cm×49cm　　2015

无语系列　纸本水墨　39cm×49cm　2015

逸

小品系列　纸本水墨　179cm×48cm

品系列　纸本水墨　179cm×45cm　1997

小品系列　纸本水墨　34cm×45cm　1997

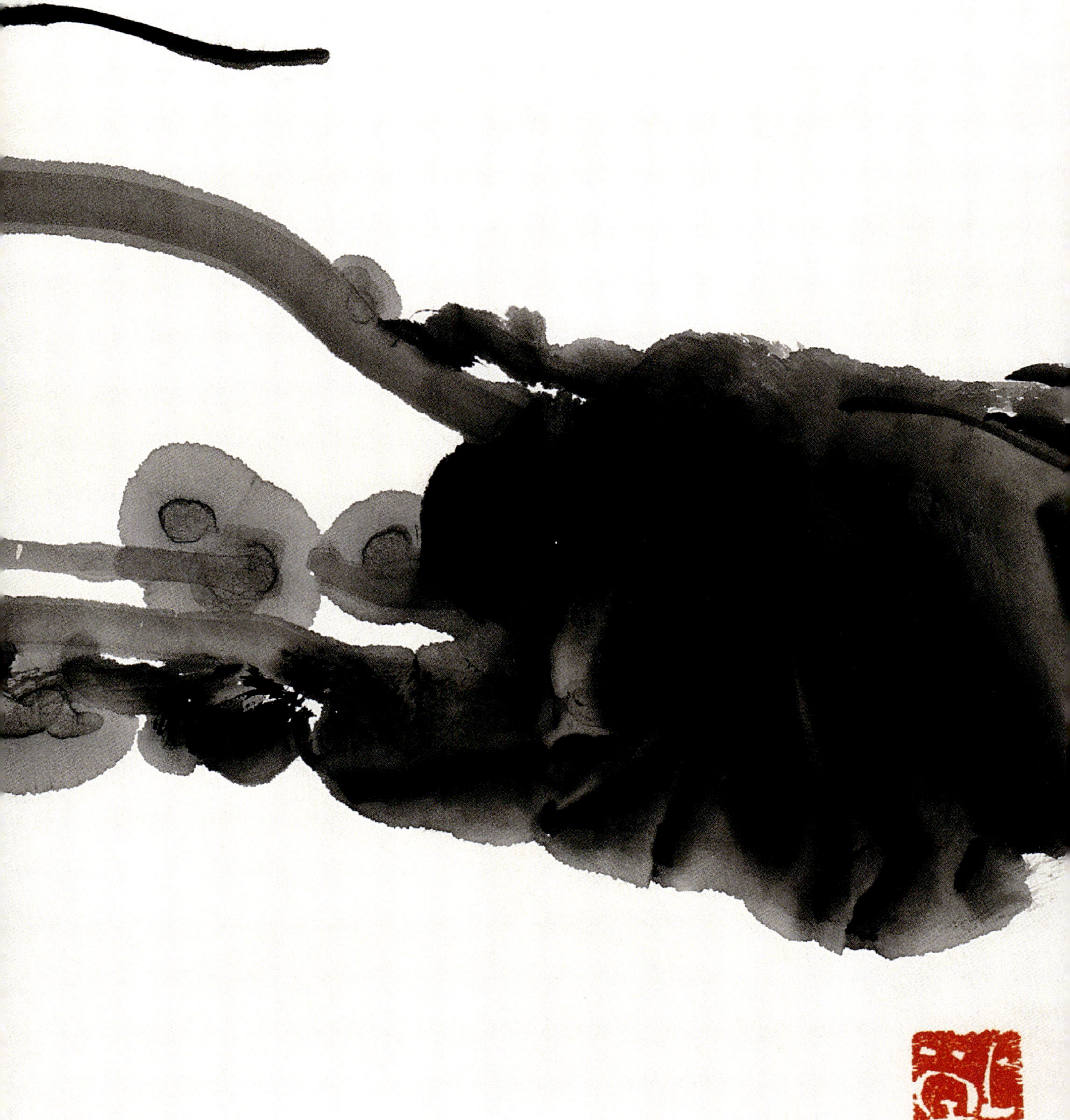

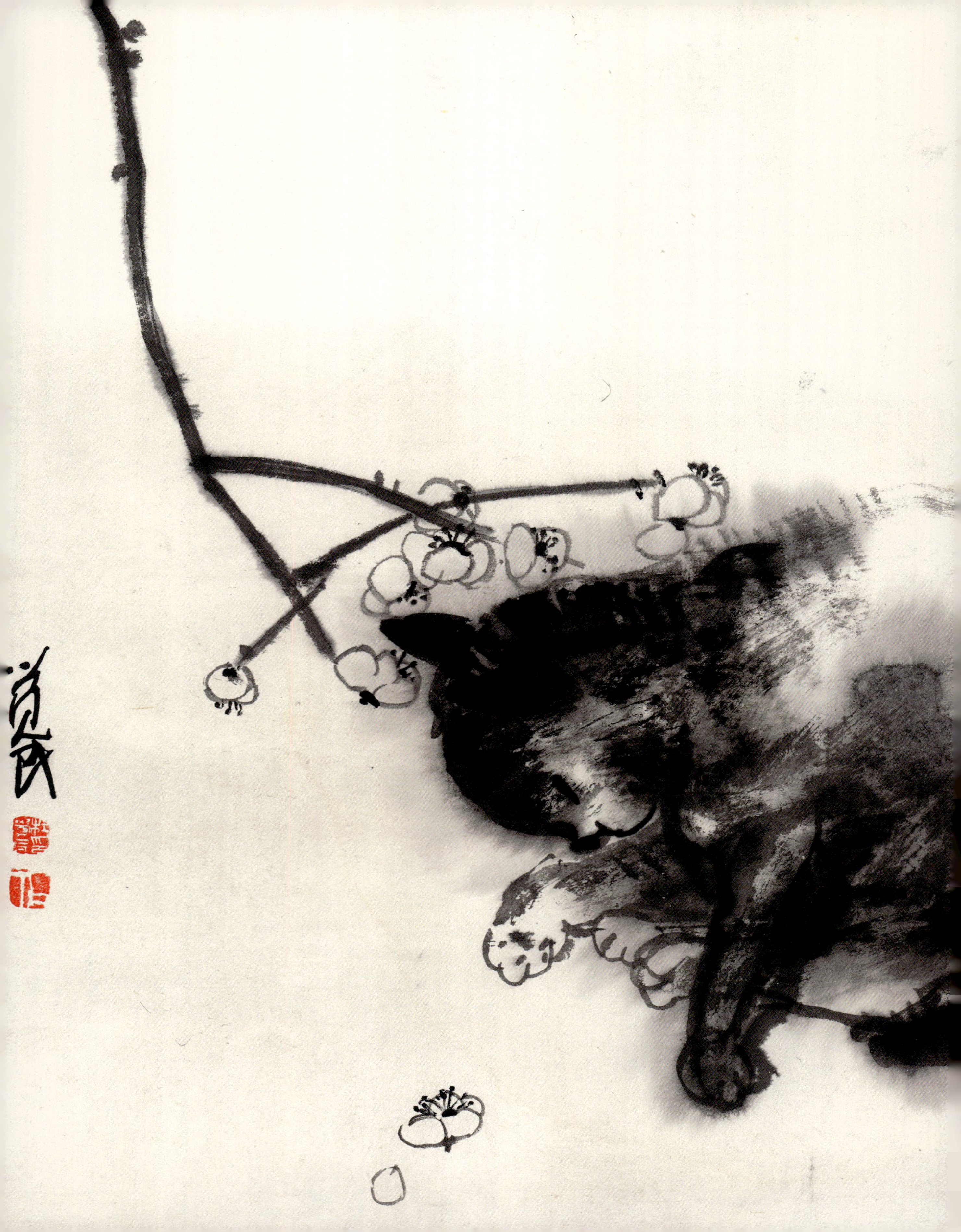

小品系列　纸本水墨　68cm×68cm　2016

小品系列　纸本水墨　38cm×48cm　1997

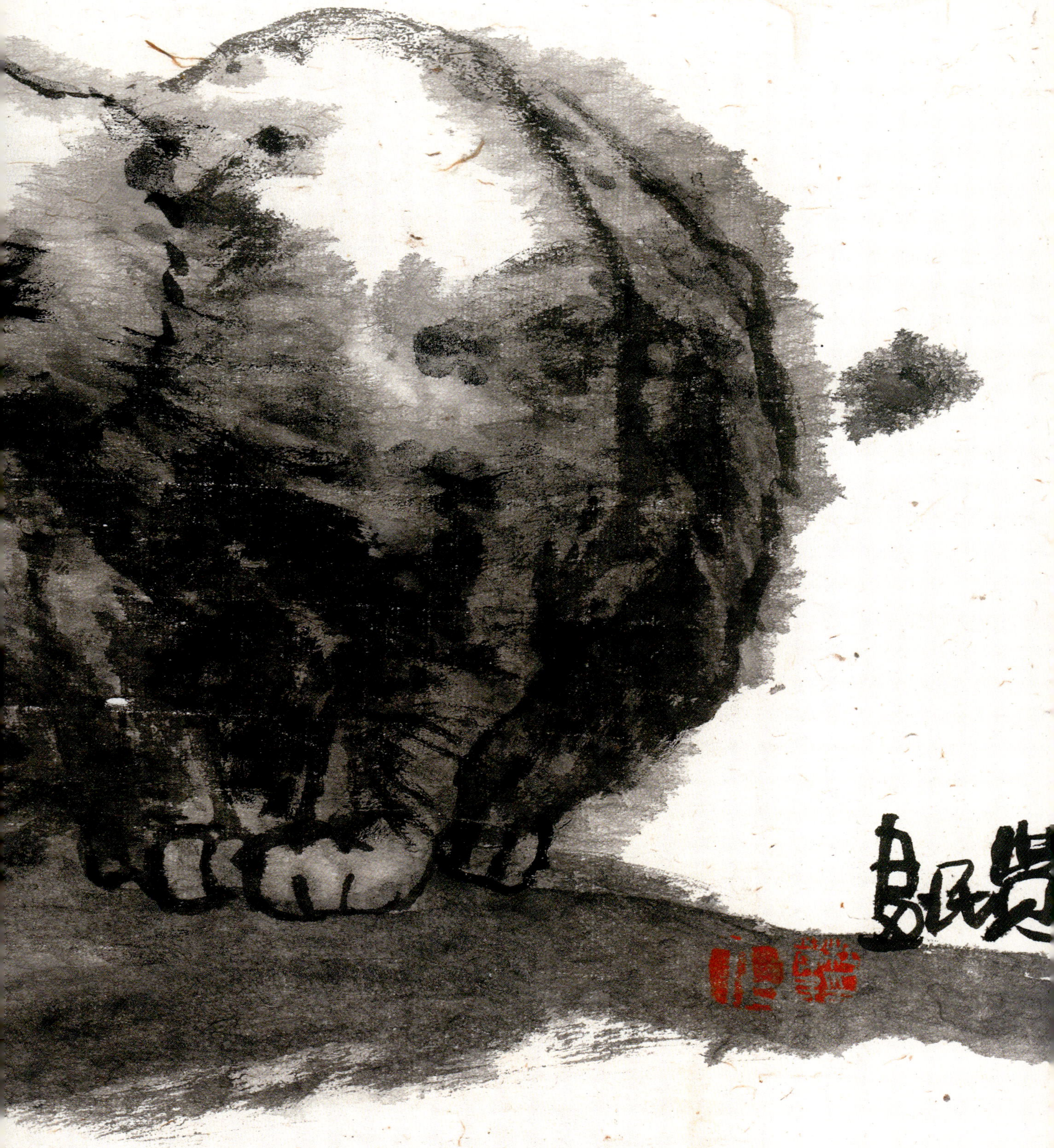

赤浪歸來臥品泉

小品系列　纸本水墨　38cm×48cm　2011

小品系列　纸本水墨　38cm×48cm　2016

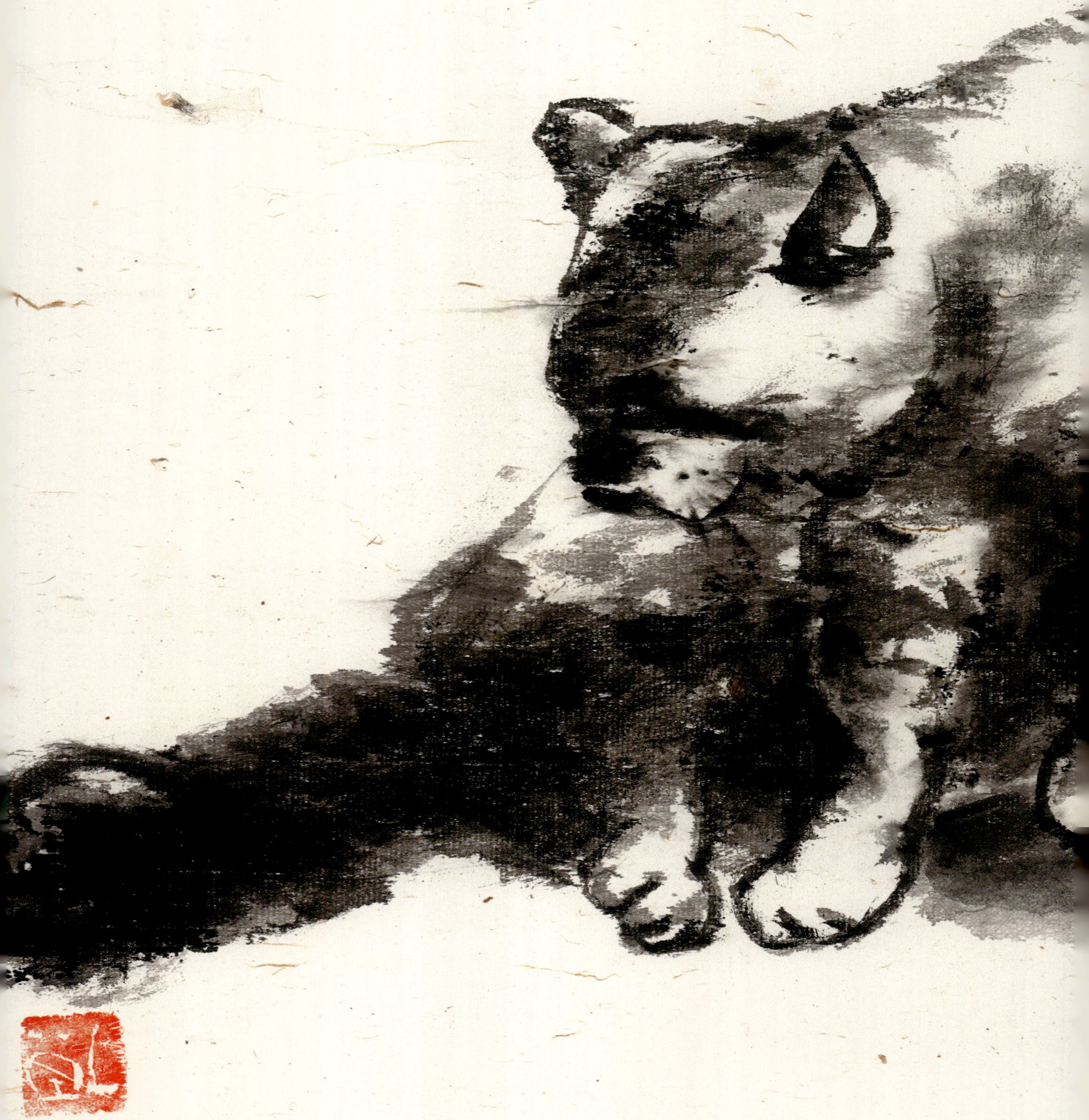

小品系列　纸本水墨　38cm×48cm　2016

小品系列　纸本水墨　16cm×16cm　1997

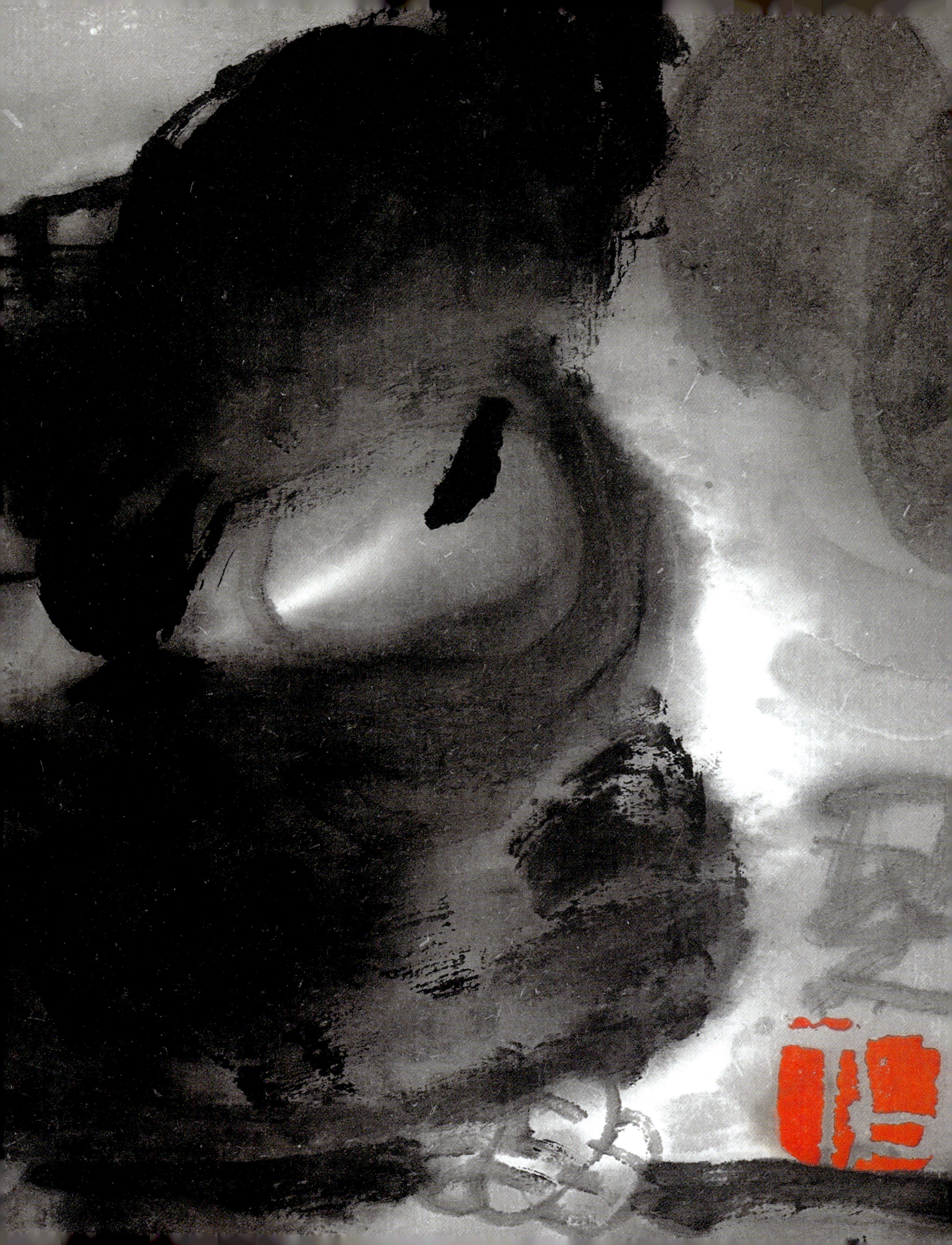

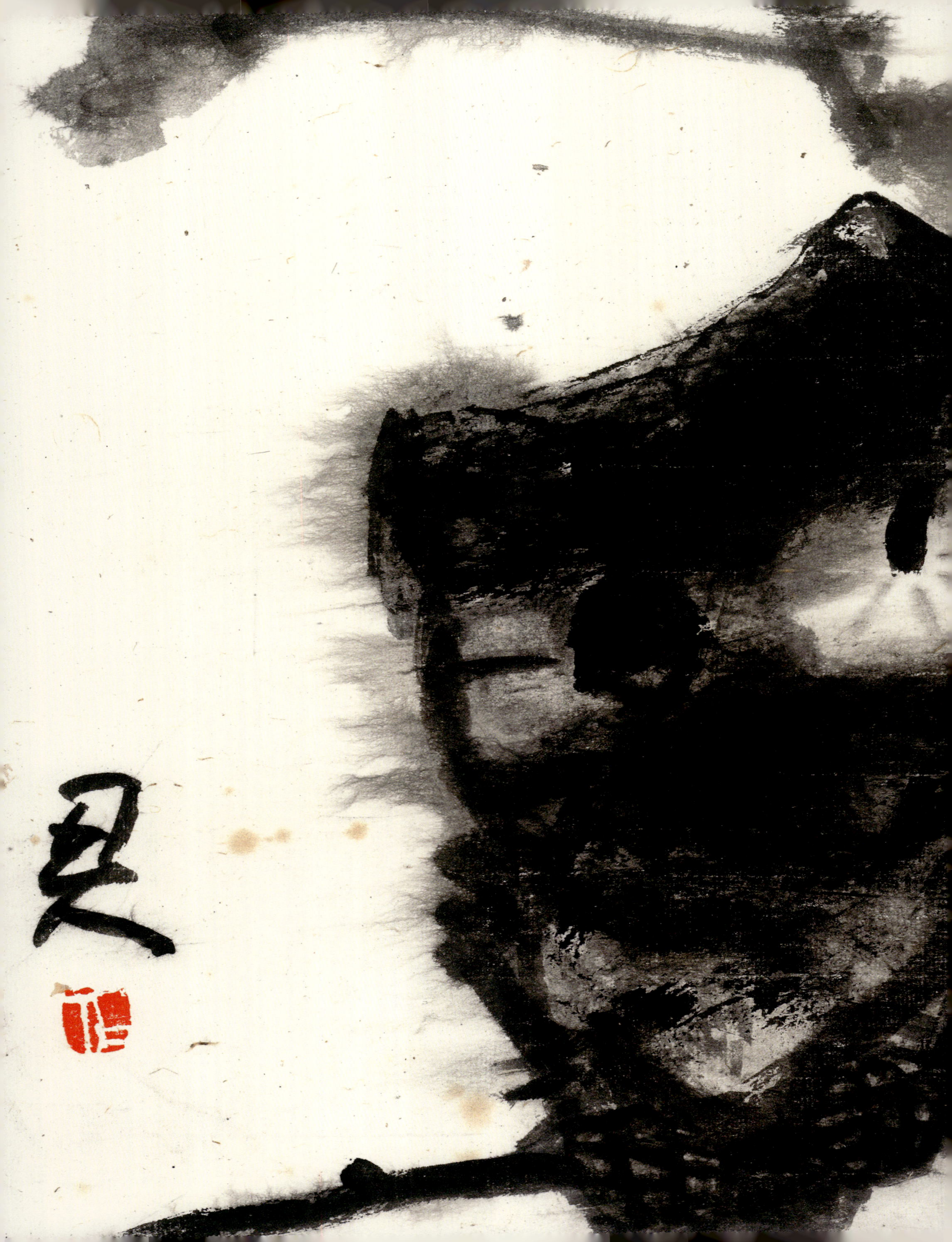

小品系列　纸本水墨　38cm×48cm　1997

一月映一切水　纸本　36cm×137cm　2015

映月一

无上清凉　纸本　32cm×138cm　2015

上 之

击木无声　纸本　132cm×16cm

空有响　纸本　132cm×16cm　2014

击木无声　纸本　137cm×33cm　2020

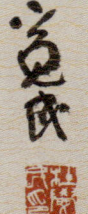

敲空有响　纸本　137cm×33cm　2020

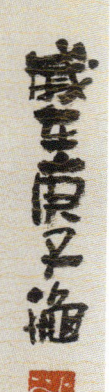

长啸无声

文／杜觉民

小品系列　纸本水墨　32cm×130cm　1997

　　一个疯子，一个任其情绪汹涌爆发的疯子，用激荡不安的笔墨，泼向宣纸，那揪心的笔线墨块令人恐惧，犹如从山峰滚下来巨大石块，飞过头顶，慢慢滚入深渊……

　　作为自幼资性敏慧，有"神童"之誉的才子，从青年时代即胸怀大志，渴望以高旷之才能去获取权力和管理社会的徐渭，却次次地在考场中失败！成功一次次与他擦肩而过，在徐渭的心里，认为真实的才情才会得到当权者的赏识。但事实却相反，就他20岁考取的生员（秀才），也是他不中后上书，提学副使张公看了他的上书，怜其处境"进退患难之危迫"，允许复试才考取的。作为极权政治的领导者，绝不会赏识与自己政见不同的人。一位天才艺术家面对极权统治，一道难以逾越的高墙，违反规则就灭亡。

　　于是，一只看不见的巨手，在暗中控制着徐渭，当孤立渺小的个人被无情的巨大力量摆布，这巨大力量不仅仅是宿命，还有命后面确切可见的力量。面对这股控制力量，徐渭是不肯屈服的。但令他敏感细腻的心灵痛苦不堪！他抗争的方法是不断考试，但一次又一次的考试，却一次又一次地失败。我在乡村童年时常听老人们讲徐渭捉弄考官的故事，虽然夸张，但恐怕也是事出有因，他不愿一群不如他又不喜欢他的人来决定他的命运，权力不喜欢他，他又不愿拍当权者的马屁，但又无力摆脱扼住他脖子的手。直至44岁，考试的失败已决定了徐渭无法接近权力的核心，怀才不遇的徐渭却有幸认识了胡宗宪，胡对他的赏识是他一生亮点。可惜时间不长，胡宗宪案和反严嵩奸党的失败，宣告了徐渭政治生命的消逝！妻亡子夭，直至误杀继室入狱，"蹈死狱，

",他一生贯穿的是悲剧!

　　他在无望的悬崖上寻找绝望的出路,周围黑暗的深渊令人目眩,他却在冷峻的死亡气息中寻找死亡之路。

　　当几次自杀都不成功时,对一个屡遭失败的人而言,犹如一只直撞血墙的野兽,他无法挣脱这极权掌控的命运之手,更无法破四周高耸的命运之墙。当失败像影子一样无法摆脱,这颗高贵不愿沉沦的内心挣扎着、紧缩着,无论从文字倾诉,还是用笔墨泄,都无法排遣内心的抑郁,强烈的情绪无路可走,在灵魂的堡垒里激荡颠覆,最后只能走向无望的绝境,艺术只是他绝境中的吟!这是千年古柏在阅尽世道沧桑之后心境的灰凉,无论青天歌还是他的长幅狂草,那从天而泻的线条盘旋于心冲撞纸外,他情绪奔腾在荒野冷境,无人能领会他的旷世愤冤,在与那看不见的巨大命运之手的多次抗争中,徐渭彻底地失败了!我们无法用性去解析敏感脆弱的徐渭疯癫之后是一种什么样的心境,但那狂放枭傲从天际而降的线条里,释放出无尽的精神张力!解体的墨结构被剧烈震荡之后慢慢恢复平静,这是精神剧痛的深处迸发,是在强烈刺激后整个心灵被瓦解,被粉碎后的重组;是刺穿的静穆;是地底岩浆被震荡后的汹涌冲击;是被极权紧压于死地之后的呻吟。所以有《四声猿》的哀鸣,有《雪压荷花图》"六月"的怨愤,有《杂花图卷》的荒诞。他让离奇的情节在画面上控诉这个异化了的世界。在麻痹的群体中,他承受着人类的全部痛蘸着痛苦,他用惊世骇俗的笔墨去撼动那些久已麻木的灵魂!

　　徐渭注定是要失败的,他试图在一座巨大的天才坟墓中去施展天才!试图在直达天际的精神监狱中越狱!遗憾的是,徐渭即

188　小品系列　纸本水墨　33.5cm×41.5cm　1997

使真的能越狱，这颗孤独的灵魂也无法久久在广漠中漂泊。他那高傲的心无法找到一个同行者！只能从一个不幸中掉入另一个不幸，他注定只能在坚持精神漂泊还是返回精神监狱中徘徊！他蔑视身边的狱友，也蔑视自己，他自身的穿透力让他无法对荒谬熟视无睹，可在铺天盖地的荒诞中他无路可逃，在走投无路时整个心灵陷入黑暗，无边无际的沉沉黑暗。终于在绝望中走向疯癫！巨大的痛苦犹如琴弓摩擦琴弦，在徐渭的笔下绽放出悲凉的音响。

《杂花图卷》狂放的笔触砸向宣纸，犹如重量级的铁锤砸向通红的铁块，四溅的飞墨射向空间，凝结成暗红色的血迹滴滴，如泪痕斑斑，这是一颗孤独灵魂与强权撞击出的瞬间火花！

大片荷叶下蜷缩着的螃蟹，是对考场不公的控诉？是用无肠公子讥讽考官？或许我们已无法破译徐渭当时的心绪，但笔墨之外凝固得欲哭无泪，那渐渐渗入内心的悲凉，似鞭痕抽打过的一道道残痕，似针尖划过皮肤的情绪记忆，无声地穿透内心，渗透灵魂！这是绝代天才的无声低啸。一个疯才子穿越纸面呼啸而过的绝吟。如静寂千年沉沉黑夜突发出的一道闪电，耀眼宇宙进入瞬间平静，随之而来尖啸的雷声冲出极限，冲出遥远的地平线，震裂层层老茧，令最封闭、最麻木的心灵也为之震动！这是一颗独立的坚强灵魂，他梦想成为自我照耀的独立天体，梦想自由的天国，梦想用他独立的思想去挑战极权，用自我良知去裁定世间的善恶！然而，他忘了生活在极权的铁掌下，更不知这铁掌能用无形的宿命慢慢让天才窒息！所以，当孤立的个人被巨大的、看不见的一股力量摆布时，渺小的徐渭面对宿命，极权控制的宿命，注定是失败者。

好在徐渭用毛笔记下了他活生生的内心，在跳动中诉说，诉说人生的虚无与荒诞，诉说精神深处的苦涩经历，诉说孤独，诉说被挤压成碎片之后的孤寂！

徐渭用一支残笔插入几千年封建岩石的缝隙，撬动了冻结了几千年的冻土层。这不仅仅是美术史上的冻土，而是整个历史厚土的颤抖！在他的笔点墨痕中发出令人心悸的枭鸣，至今仍在呼啸！

小品系列　纸本水墨　38cm×48cm　1997

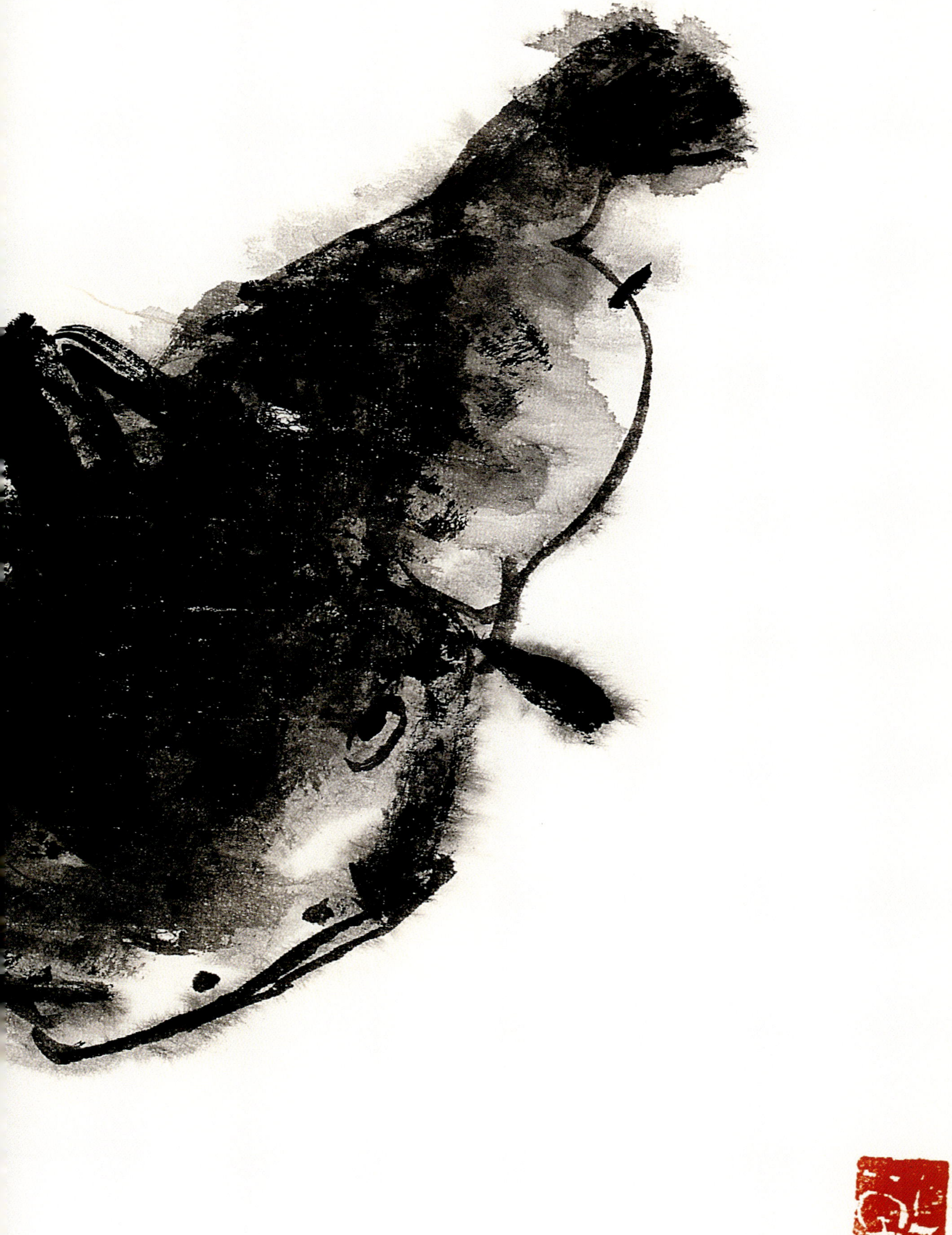

夏

小品系列　纸本水墨　38cm×48cm　1997

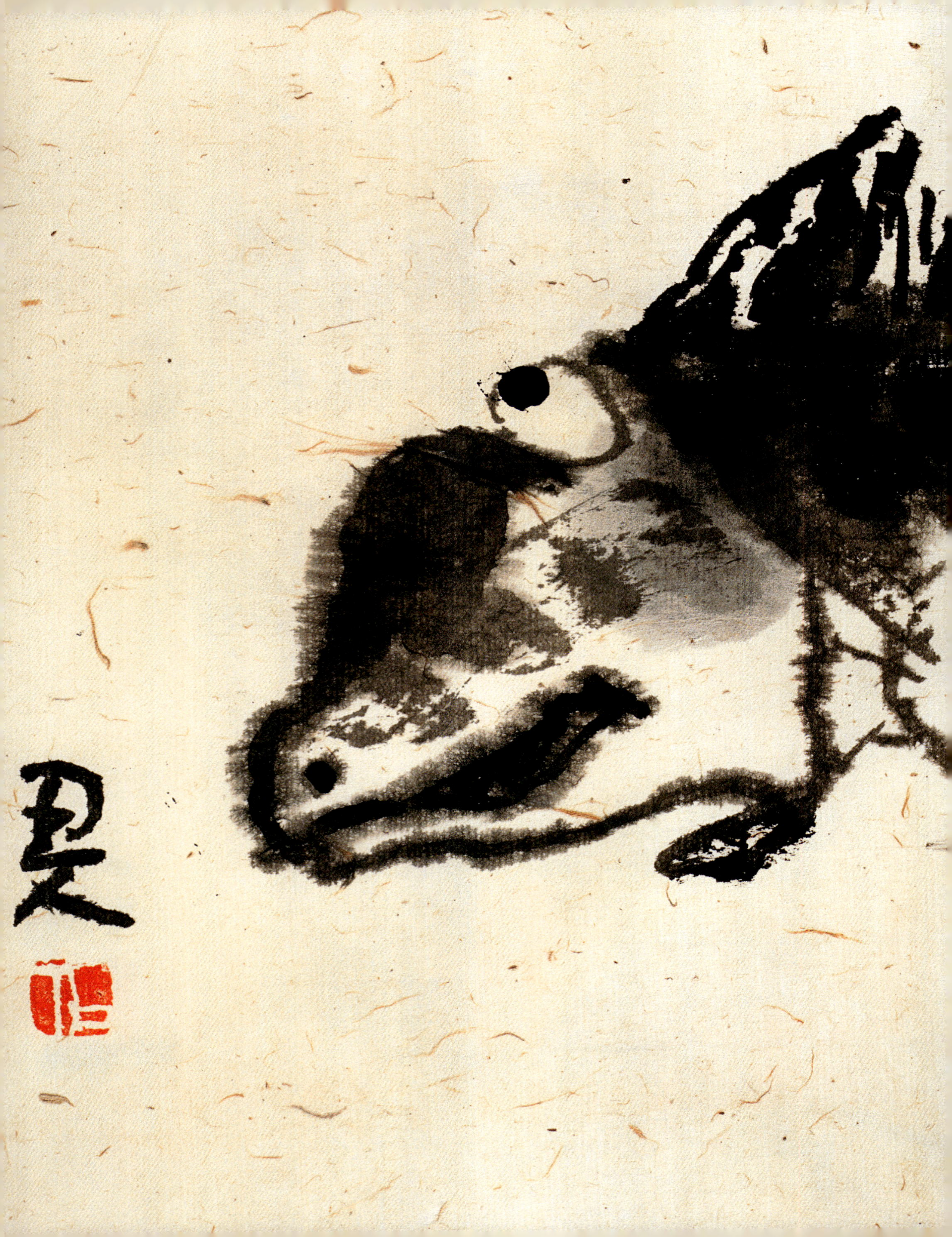

小品系列　纸本水墨　33.5cm×41.5cm　1997

小品系列　纸本水墨　136cm×34cm

品系列　纸本水墨　136cm×34cm　2006

198　小品系列　纸本水墨　33.5cm×41.5cm　1997

小品系列　纸本水墨　33.5cm×41.5cm　1997

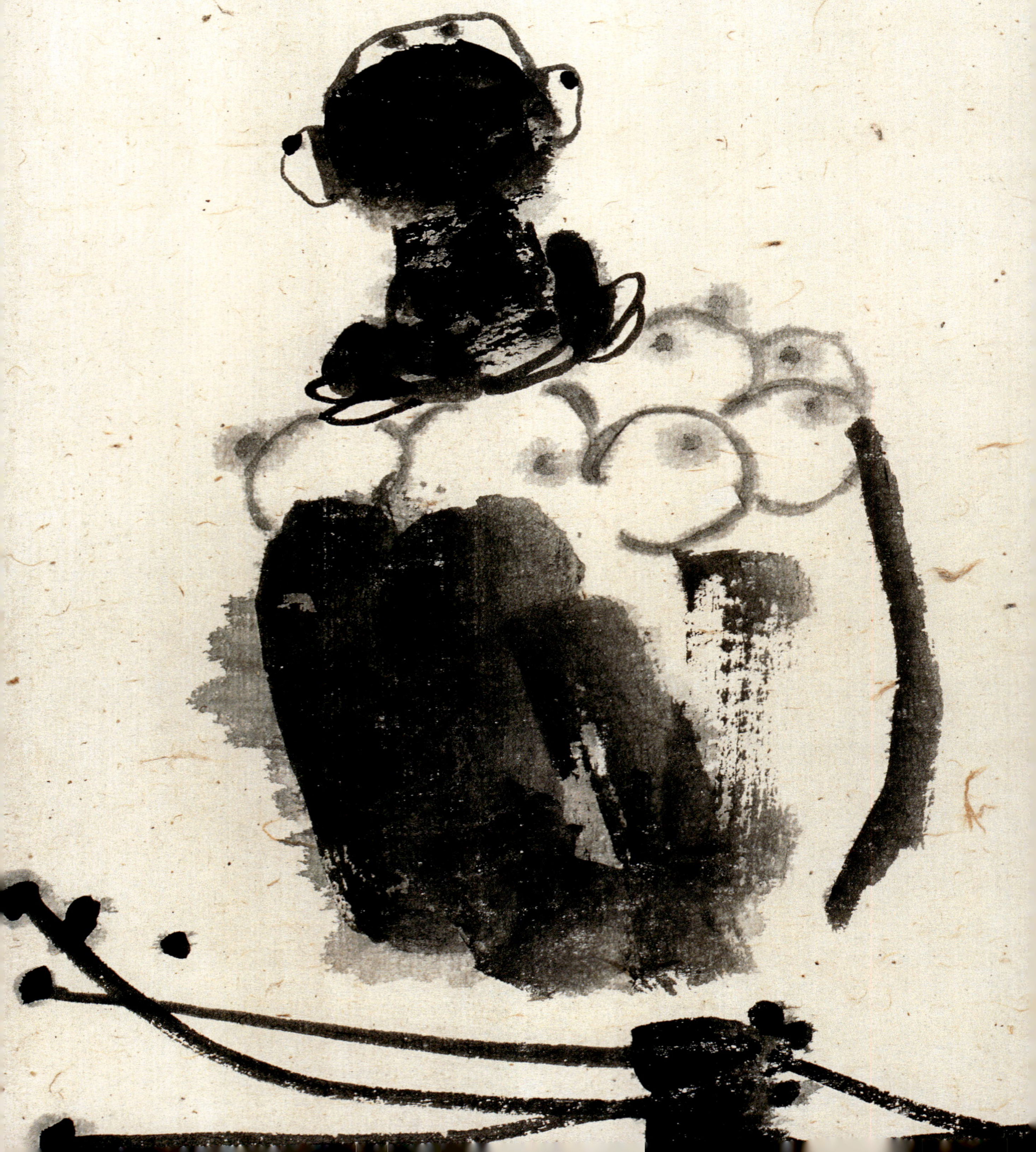

小品系列　纸本水墨　33.5cm×41.5cm　1997

小品系列 纸本水墨 38cm×48cm 1997

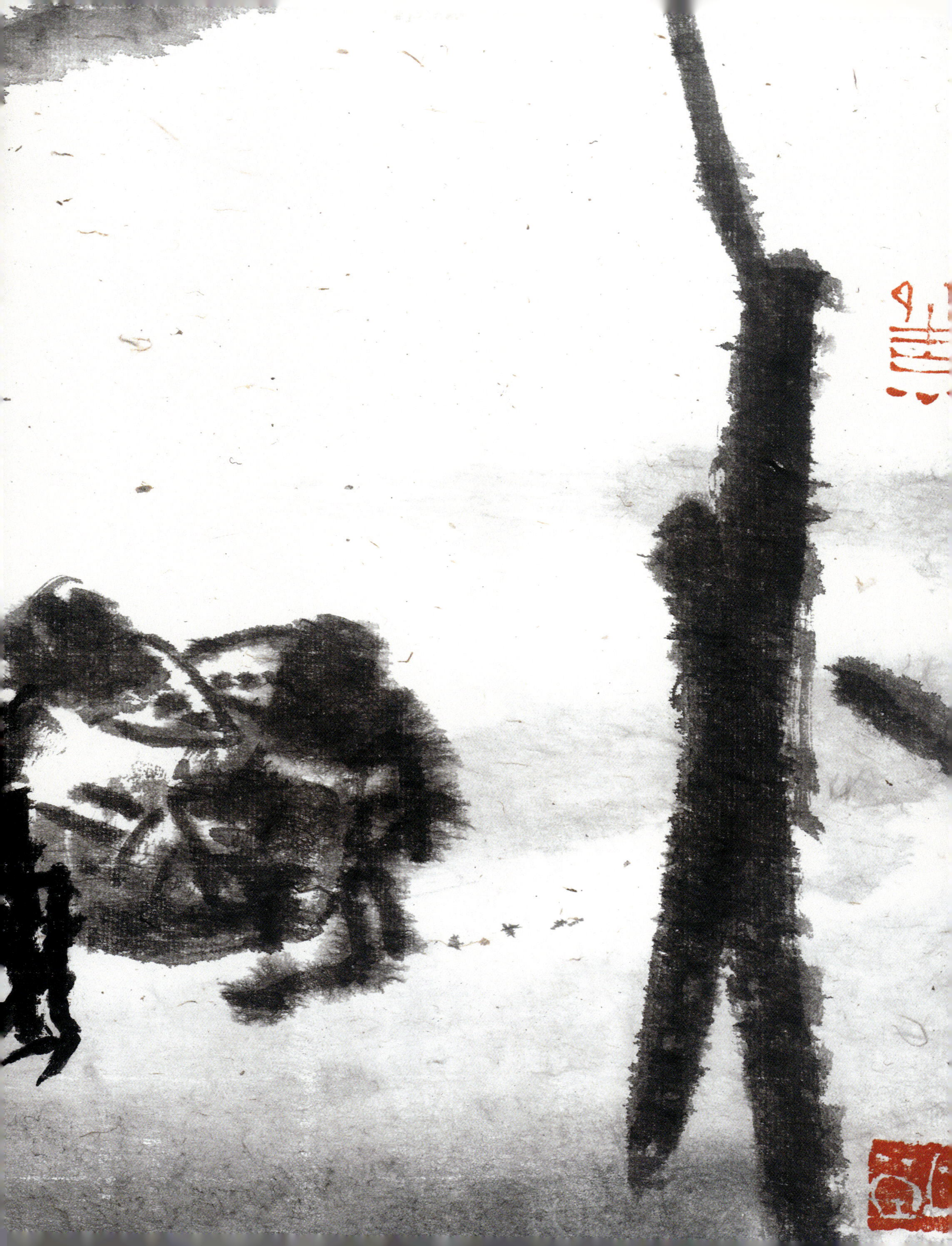

格

小品系列　纸本设色　39cm×49cm　1997

小品系列　纸本水墨　38cm×49cm　1997

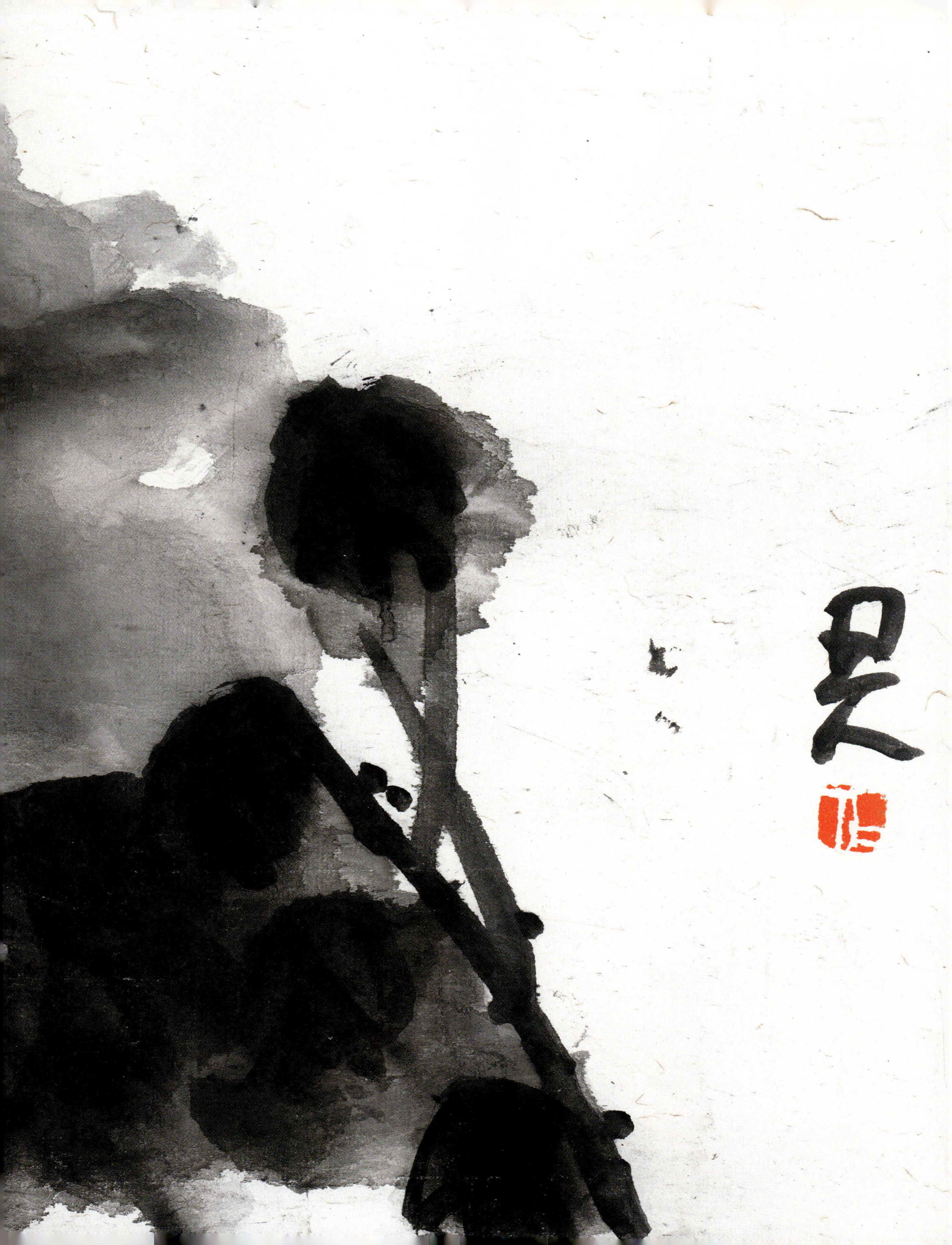

小品系列　纸本水墨　39cm×50cm　1997

小品系列　纸本水墨　39cm×50cm　1997

懒

小品系列　纸本水墨　38cm×48cm　1997

小品系列　纸本水墨　37cm×48cm　1997

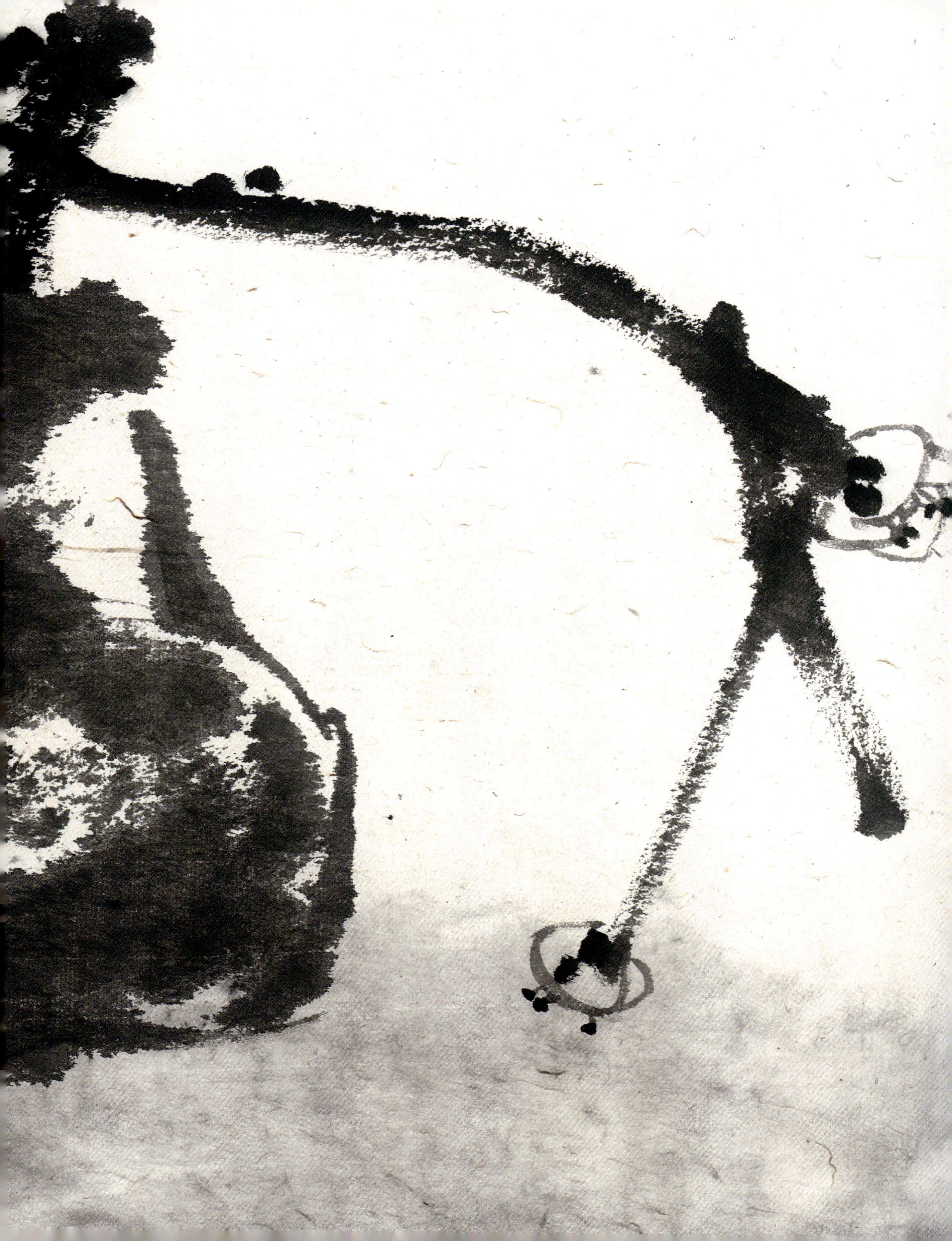

小品系列　纸本水墨　33cm×40cm　1997

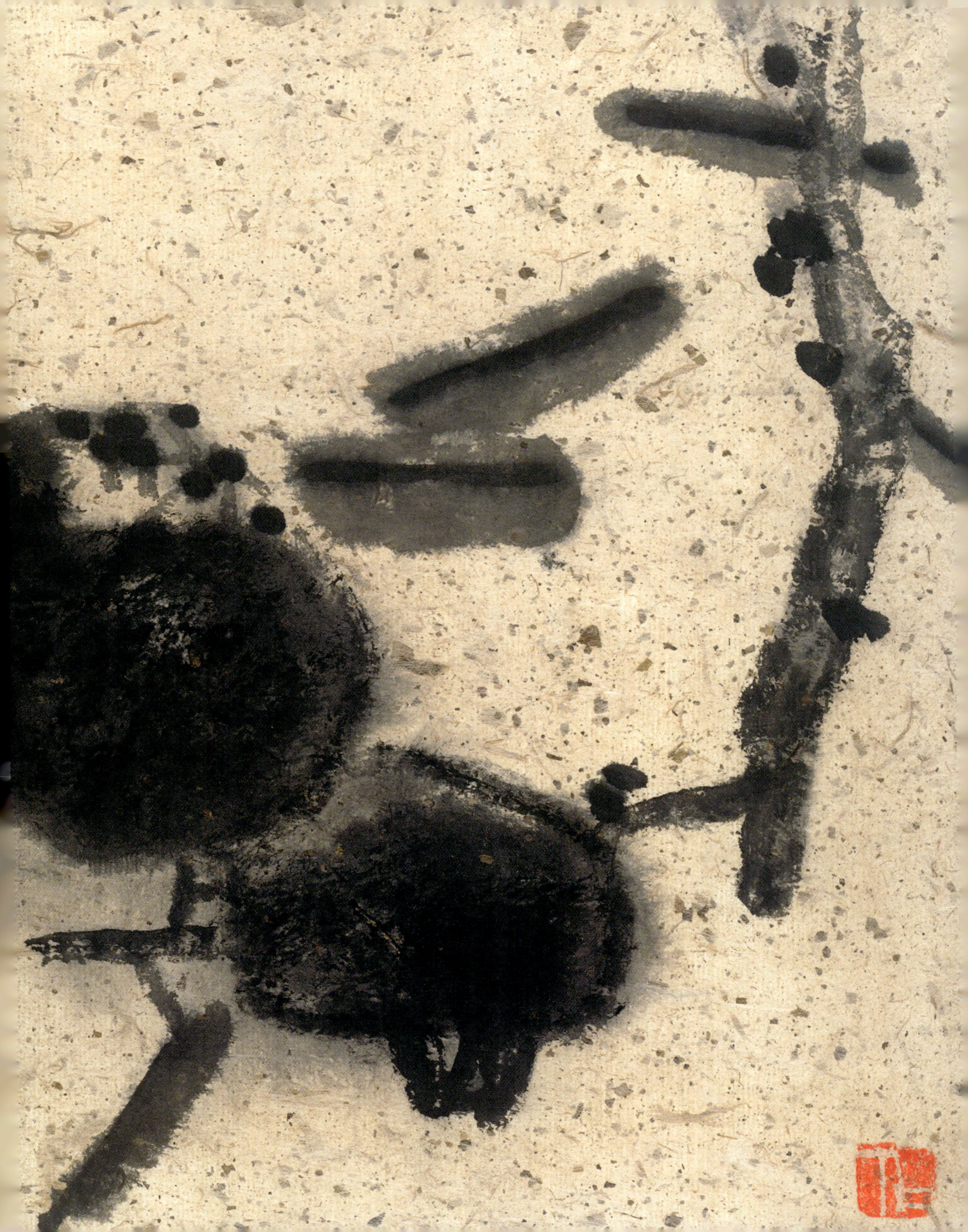

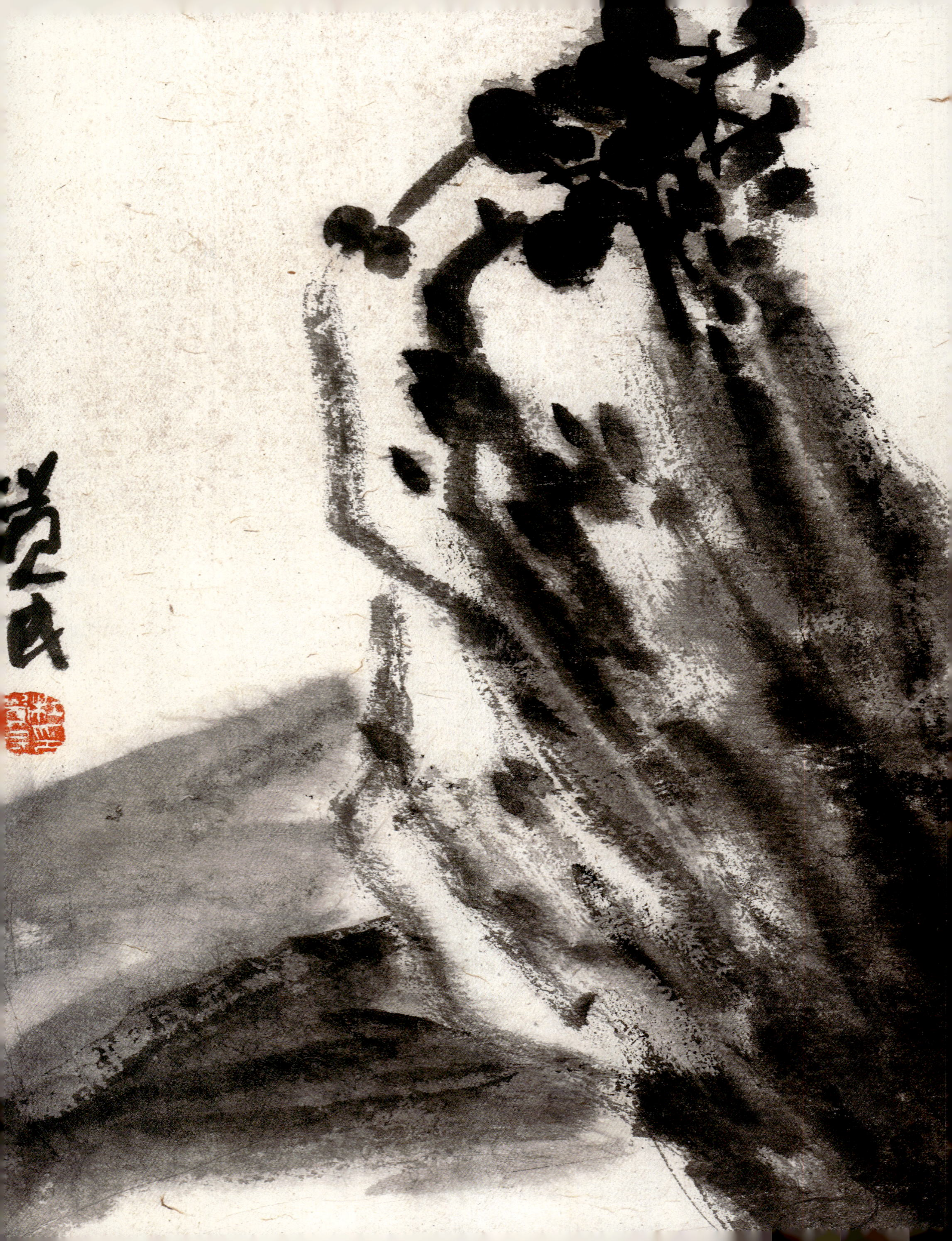

小品系列　纸本水墨　36cm×48cm　2015

小品系列　纸本水墨　38cm×49cm　2015

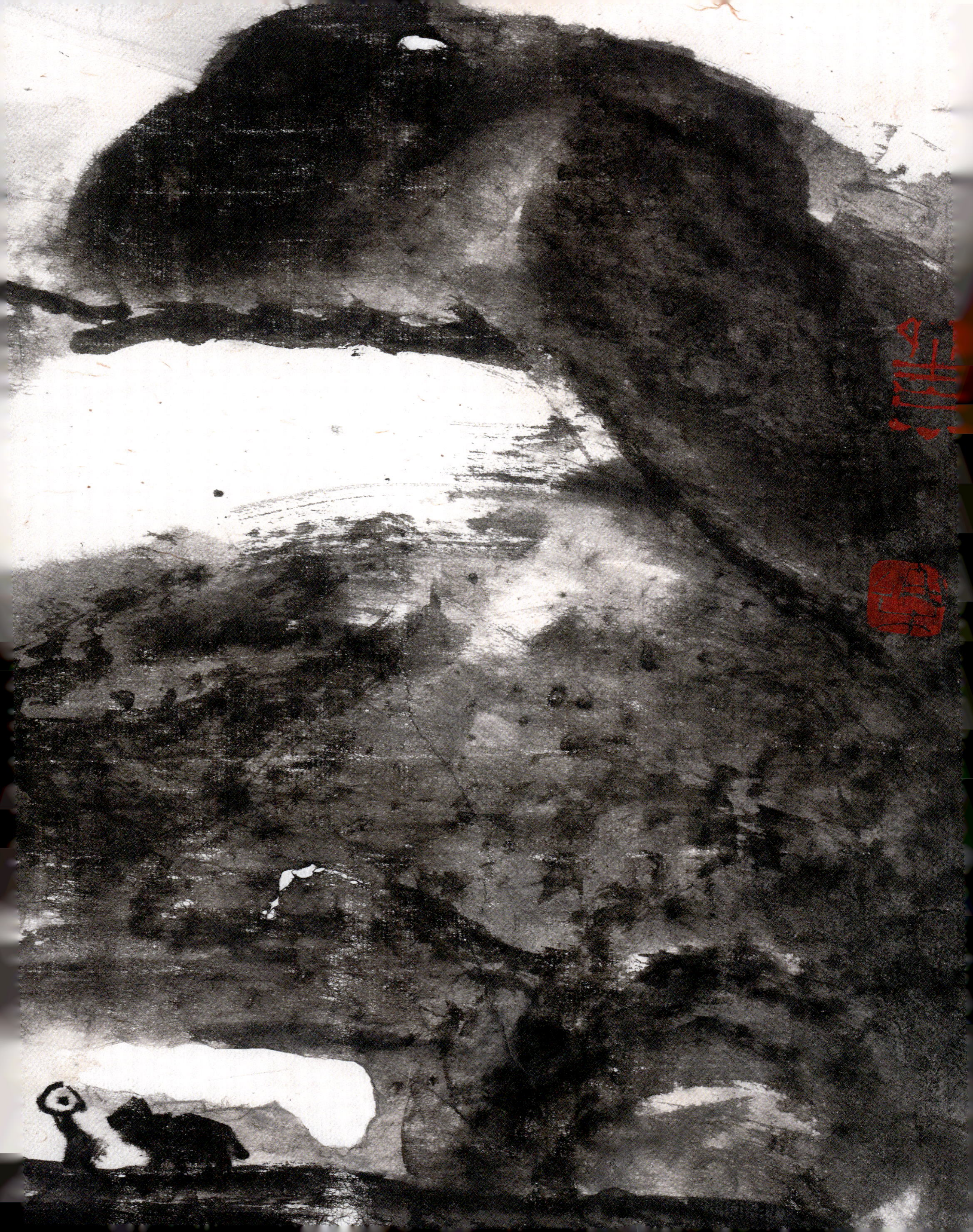

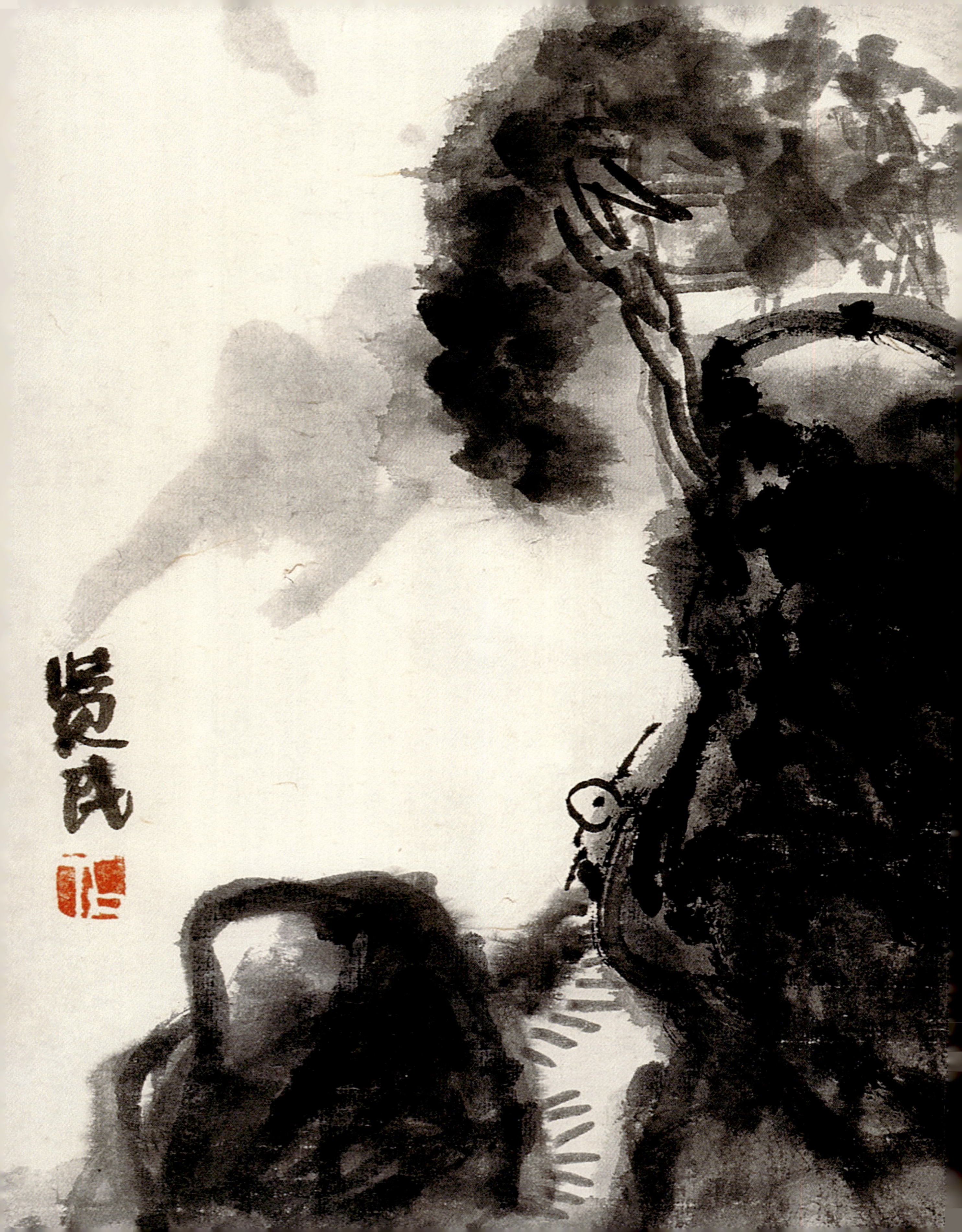

小品系列　纸本水墨　38cm×48cm　2015

小品系列　纸本设色　38cm×48cm　2015

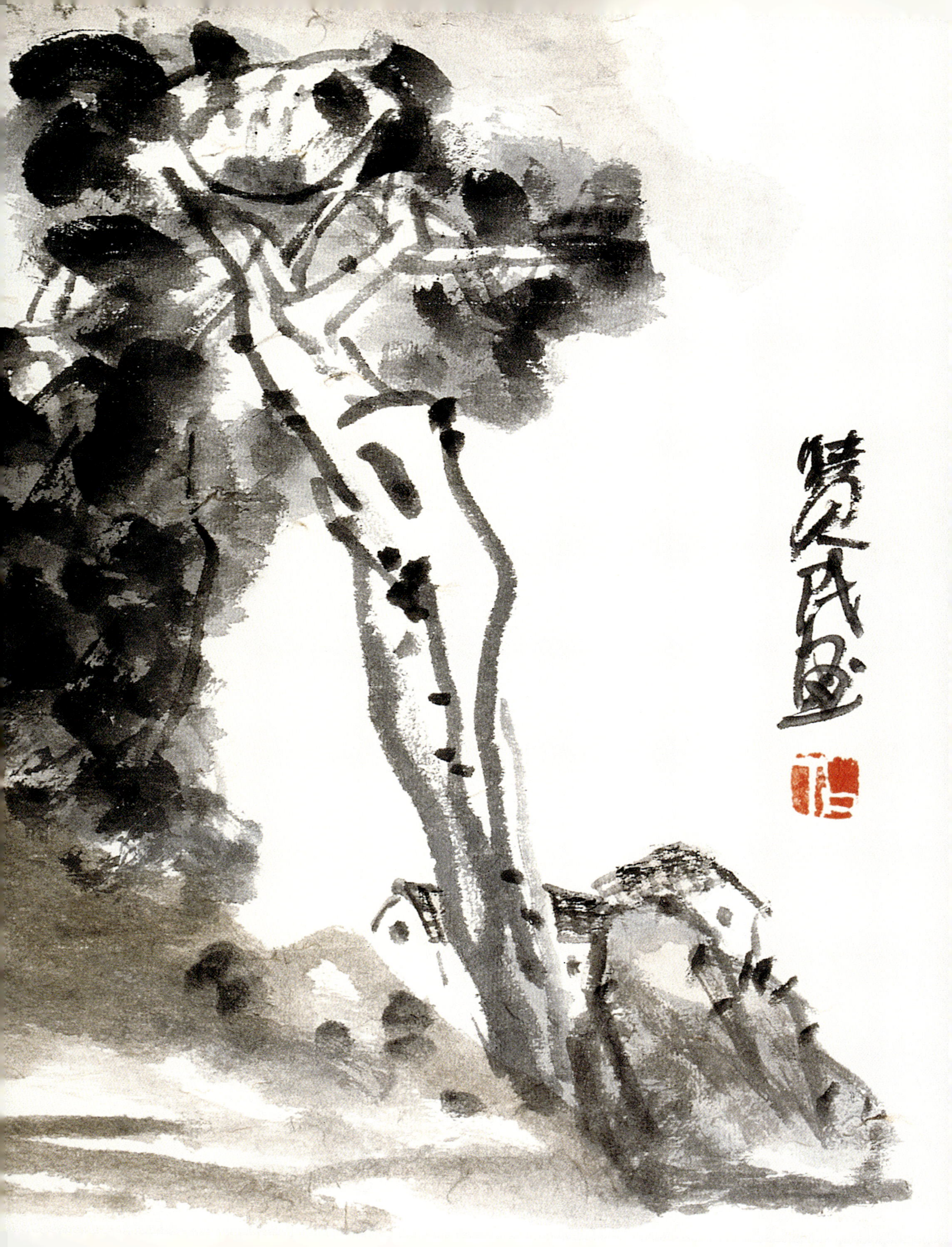

小品系列　纸本设色　38cm×48cm　2015

227

小品系列　纸本水墨　38cm×48cm　2015

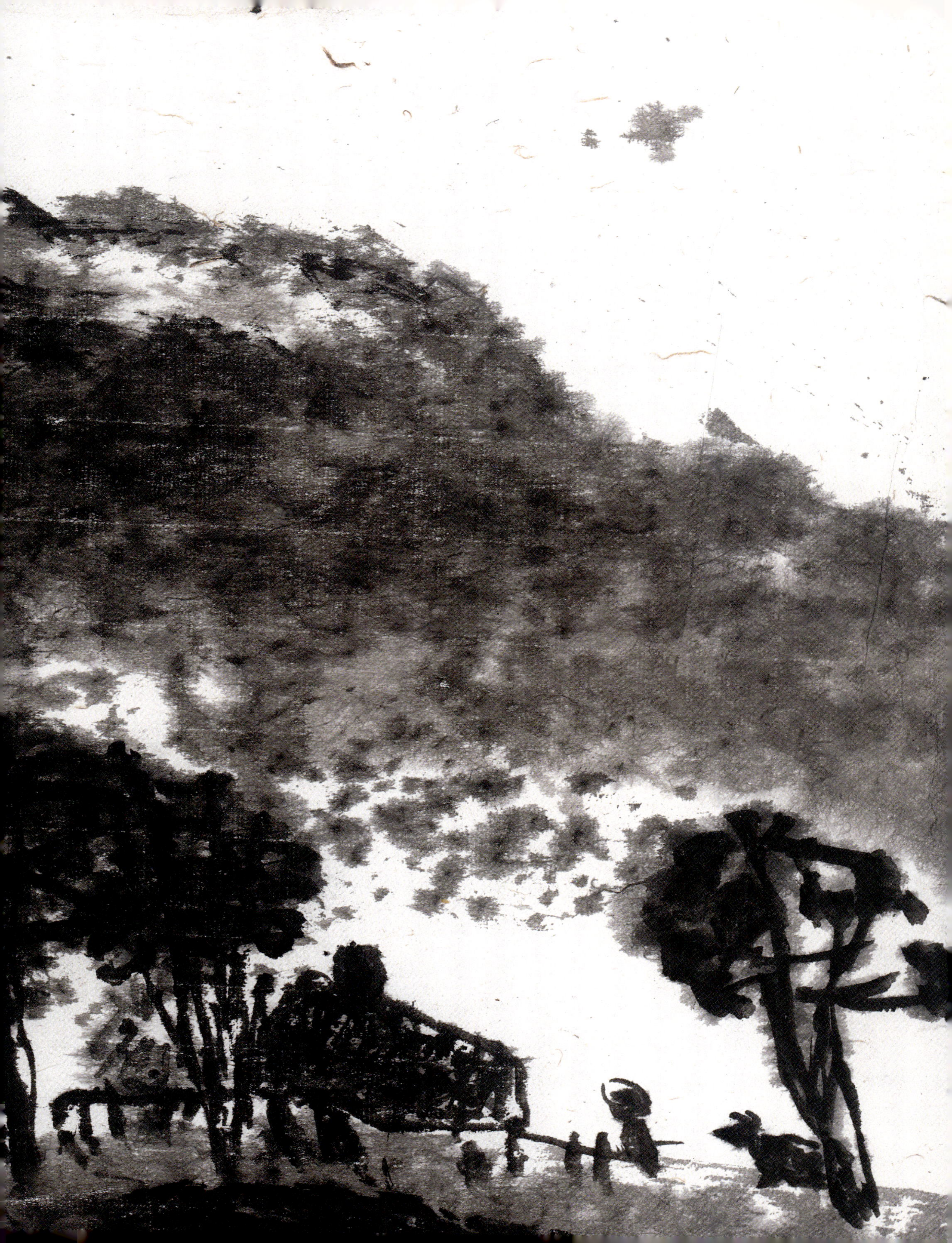

小品系列　纸本水墨　27cm×37cm　2015

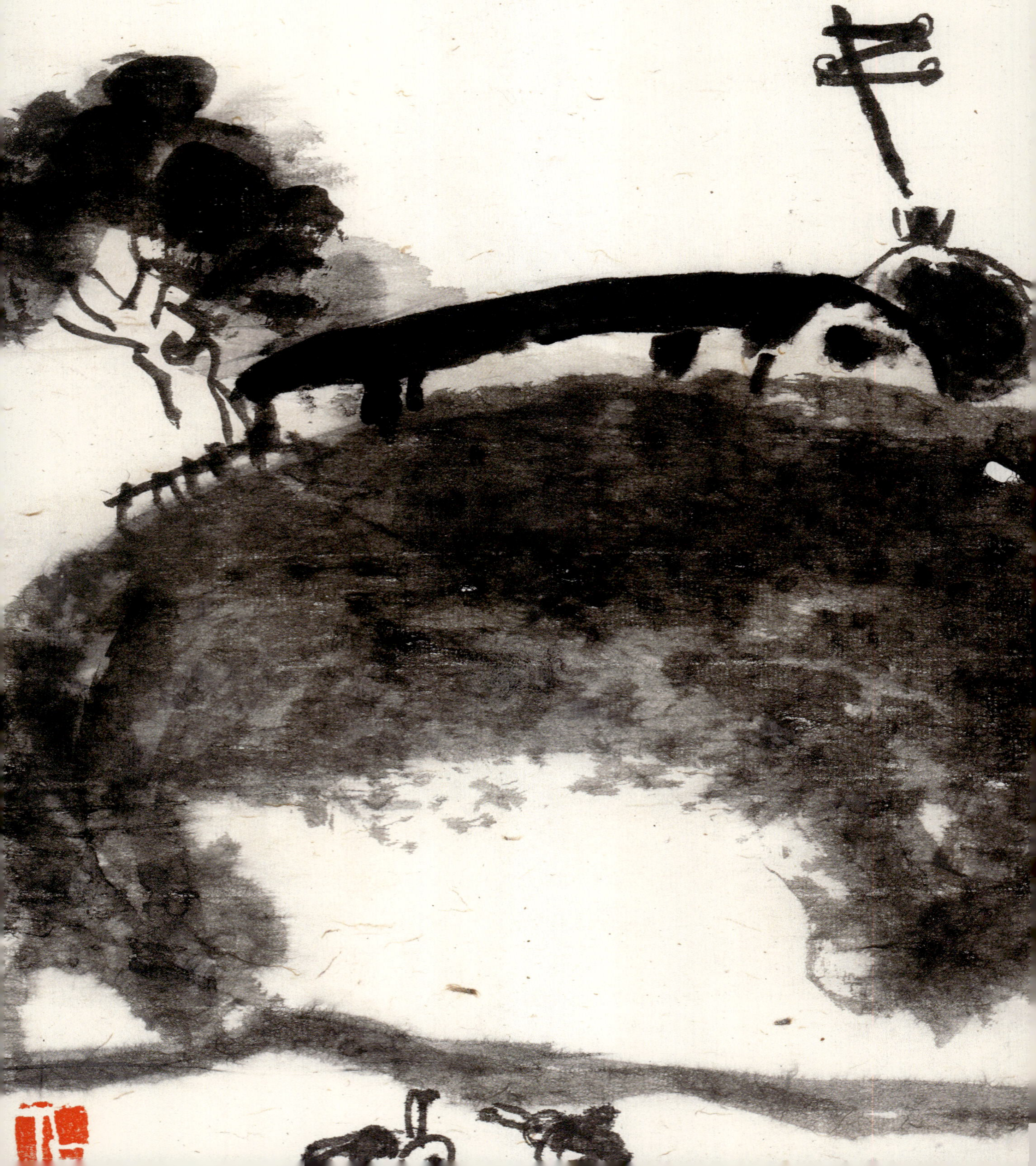

小品系列　纸本水墨　38cm×48cm　2015

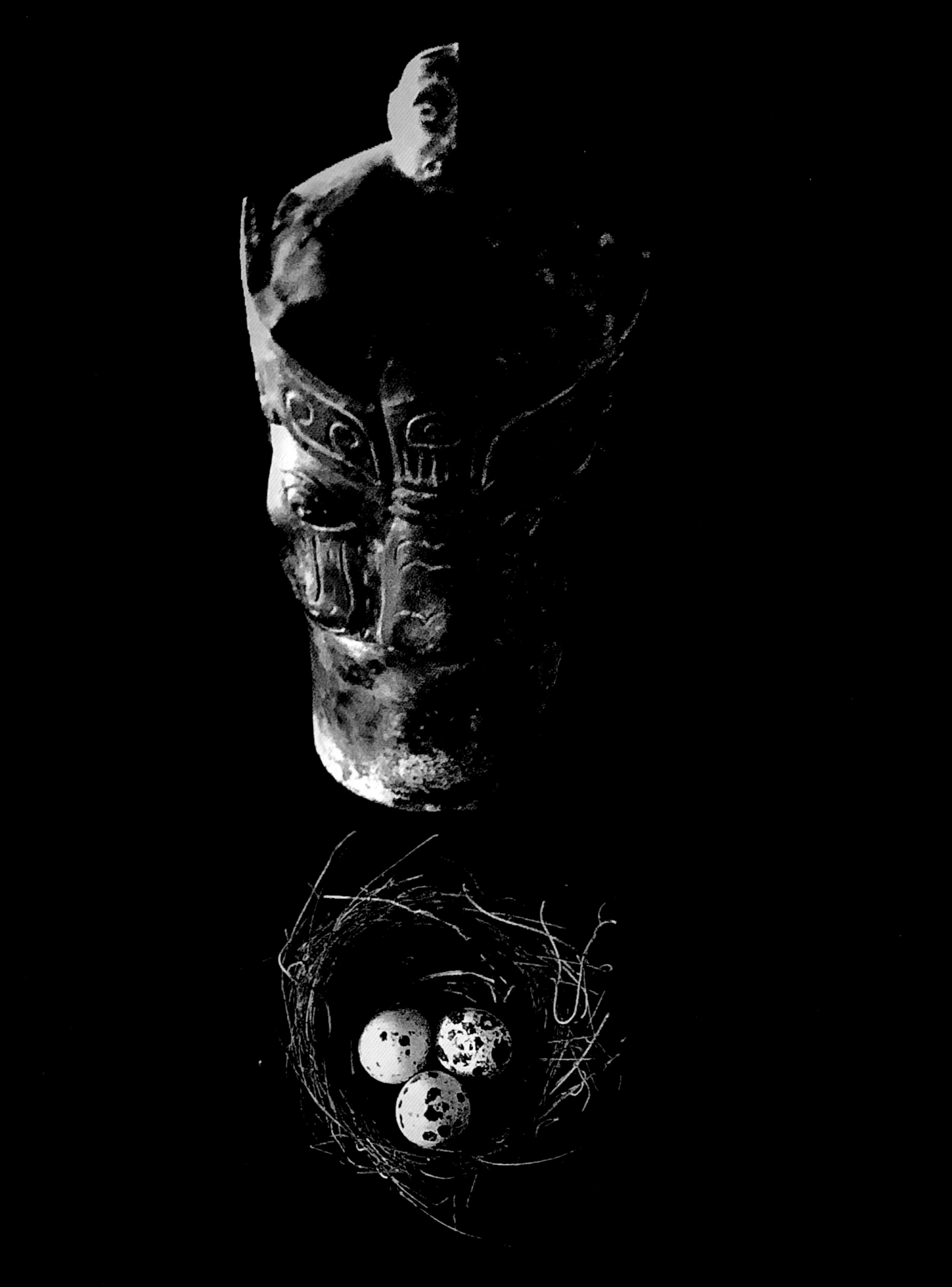

隠

逸庄序

文／杜觉民

有幸于艺术一生，创造艺术同时也享受艺术，艺术犹如历史一样古老，而且将永远伴随历史延续着……

艺术背后耸立着人的精神，让人格升华至不朽，凝固在作品里，散发出永恒的气息，让灵魂慑服！让心魂得到更多的滋润，让多次在被压碎的困难呼吸时重塑希望，给最绝望的人生注入生机，也给人以不可毁灭的尊严。

对于艺术创作而言，悲观并非颓废，任何消沉的背后总会有信仰之坚定，仅创作而言，是在寻找不灭真理和其存在的实质，是在铺天盖地荒谬之下寻找出口，是试图寻找人类苦难的答案。

艺术创作是孤寂的，也是这种孤寂注入了人性思考之后的宁静，这种宁静让冰封的内心融化，让无数孤寂的心灵交织在一起，在心魂深处紧紧相握，互取暖意……艺术之孤寂还在于能够穿越世界之表象，进入宁静，进入宁静之后带来的生命体验。犹如凉月当空，生命被洗涤之后恢复纯净。透过月光的安宁，使灵魂不再痛苦地卷入现实的局限。这既是我争取灵魂自由的方法，也是企图在宇宙、物质和生命的真实中寻找基本的、永恒的、不变本质的唯一途径！

初读《庄子》，就被《庄子》的清澈透悟的文字所穿透。于是梦想有一天逸入深山，静读庄子，于是才有《逸庄》这无中生有的栖息地。在这里，进入自然无尽繁复的单纯，也进入宇宙广大的宽容。在这里，有一条真理贯穿成为我最高之追求：自由，也就是思想和良心的自由。

多少年来，渴望远离世俗之喧嚣，远离这被金钱和欲望呼啸席卷的世潮，远离人性的卑劣愚顽。这一片逸庄承载着我内心的渴求，也是博士论文《隐逸与超越》的实施延续。

在一汪泉水边几块散乱的石块上镌刻着：谁非过客，泉是主人。我们终将消失，而山泉犹如艺术和历史，永恒地流淌着……

谨此，赠予共同生活在这片土地上的朋友们！

2016年于逸庄泉水别墅

逸·庄　建筑外景　2000—2005

238　逸·庄　建筑外景　2000—2005

239

逸·庄　建筑外景　2000—2005

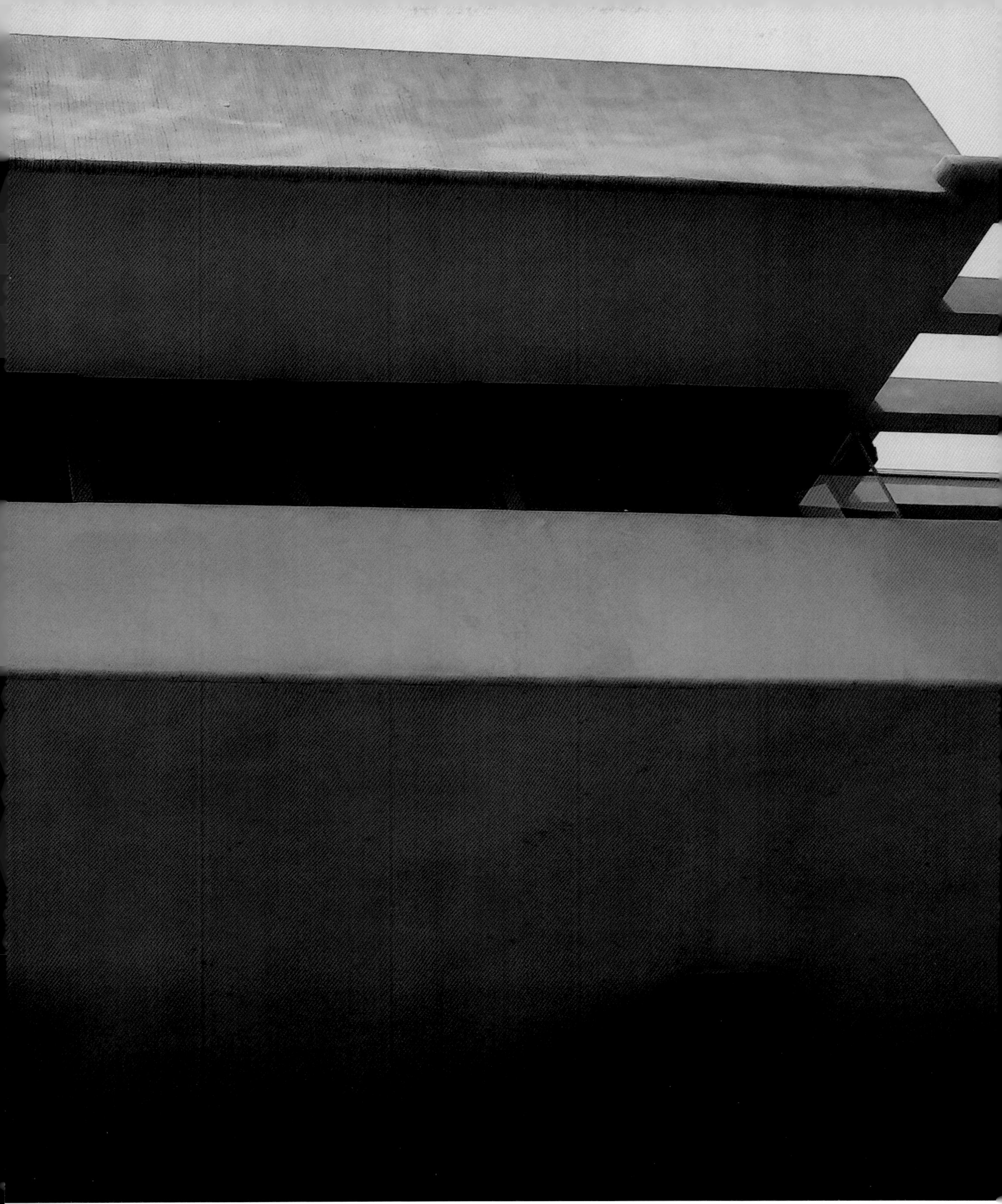

逸·庄　建筑外景　2000—2005

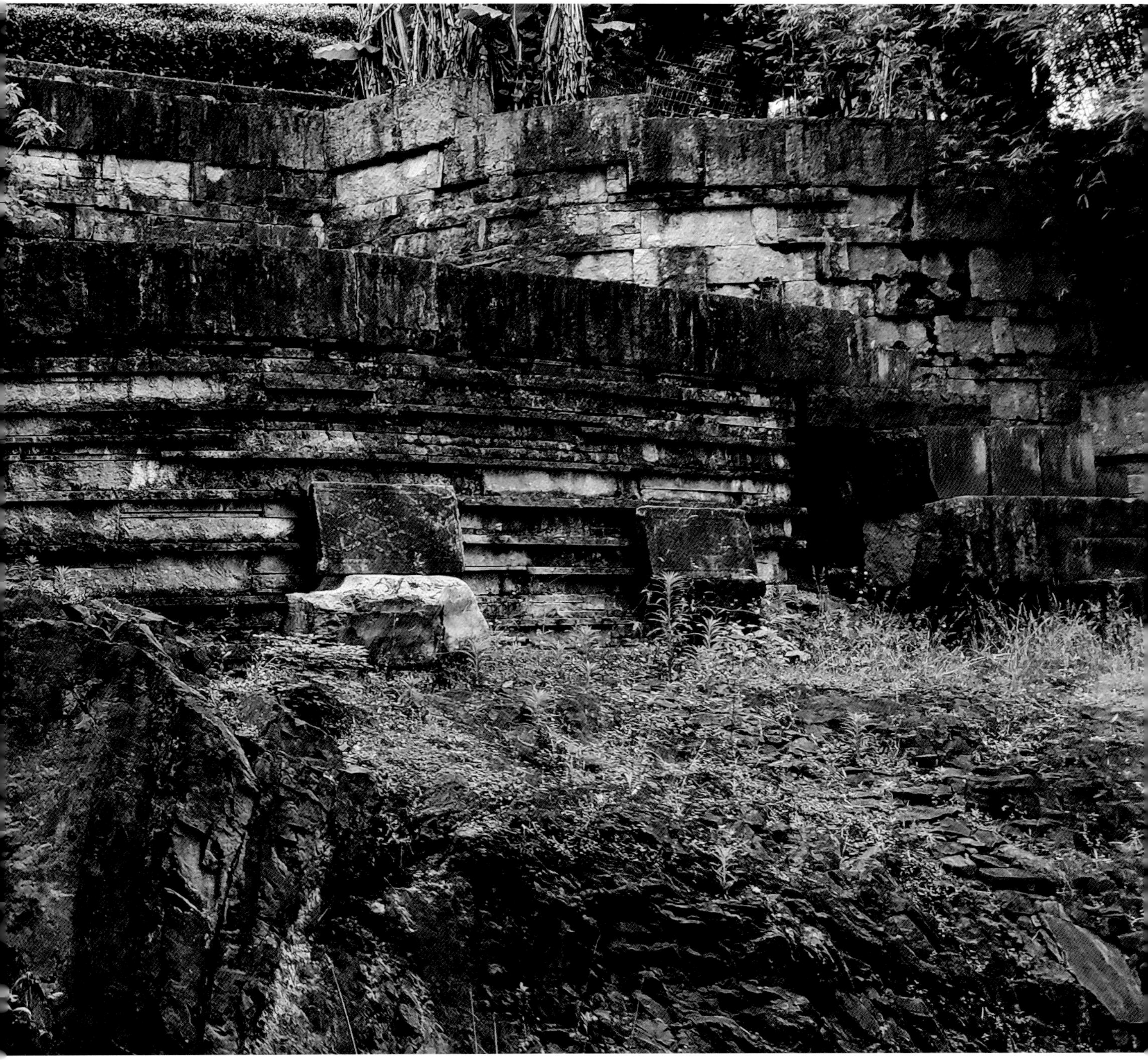

逸·庄　建筑内室　2000—2005

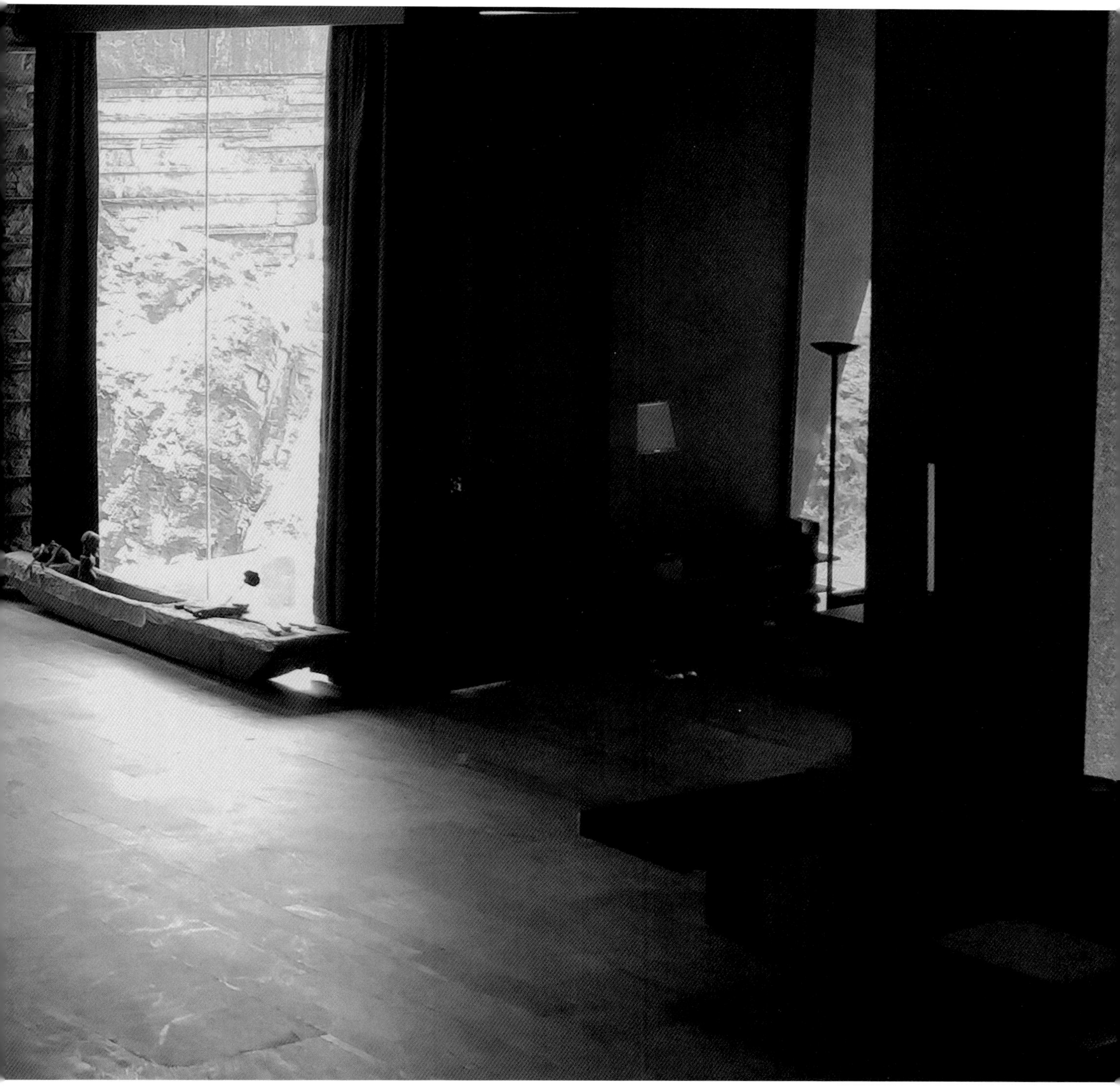

逸·庄 建筑内室 2000—2005

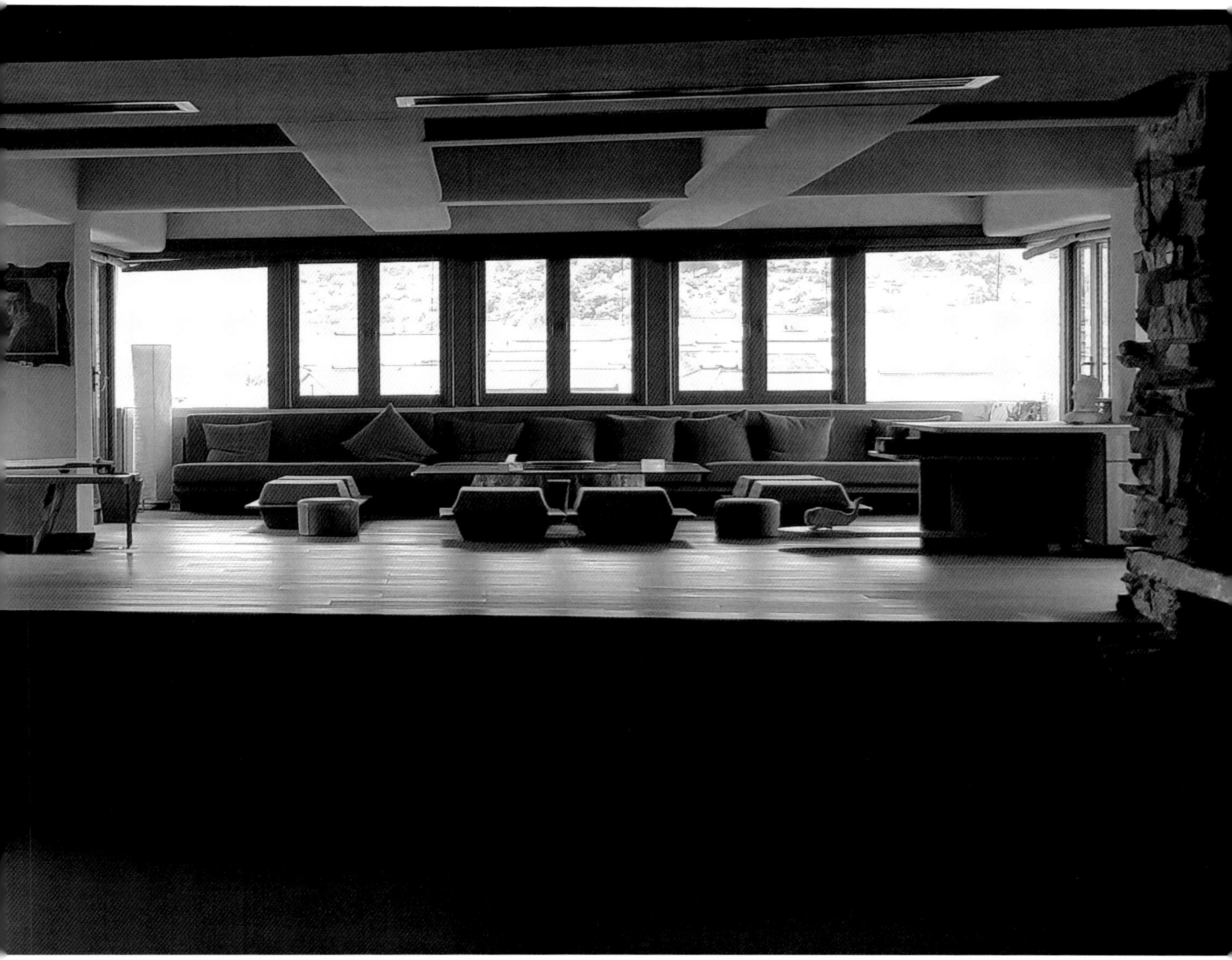

逸·庄 建筑内室 2000—2005

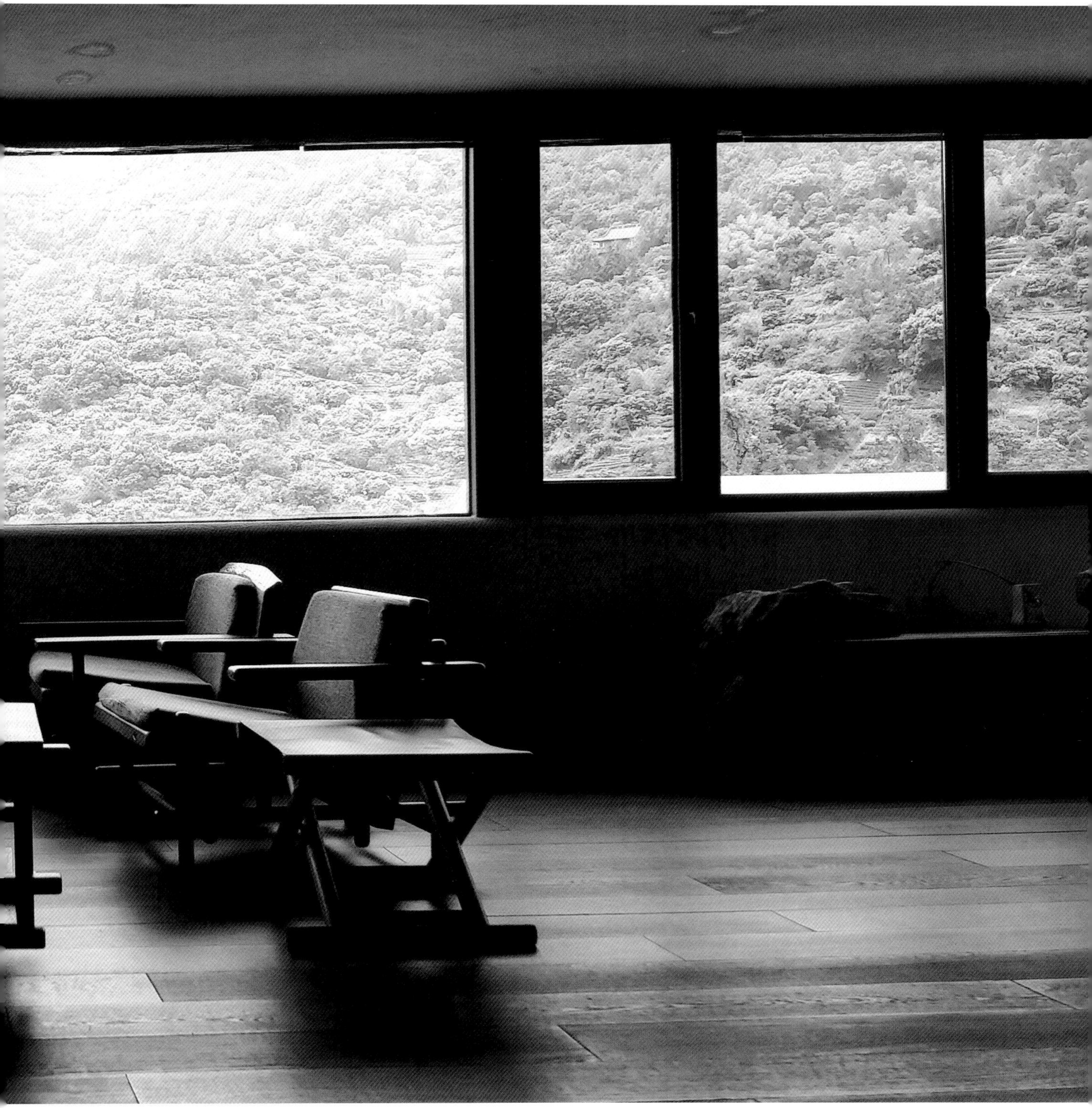

逸・庄 建筑内室 2000—2005

251

逸·庄　建筑外景　2000—2005

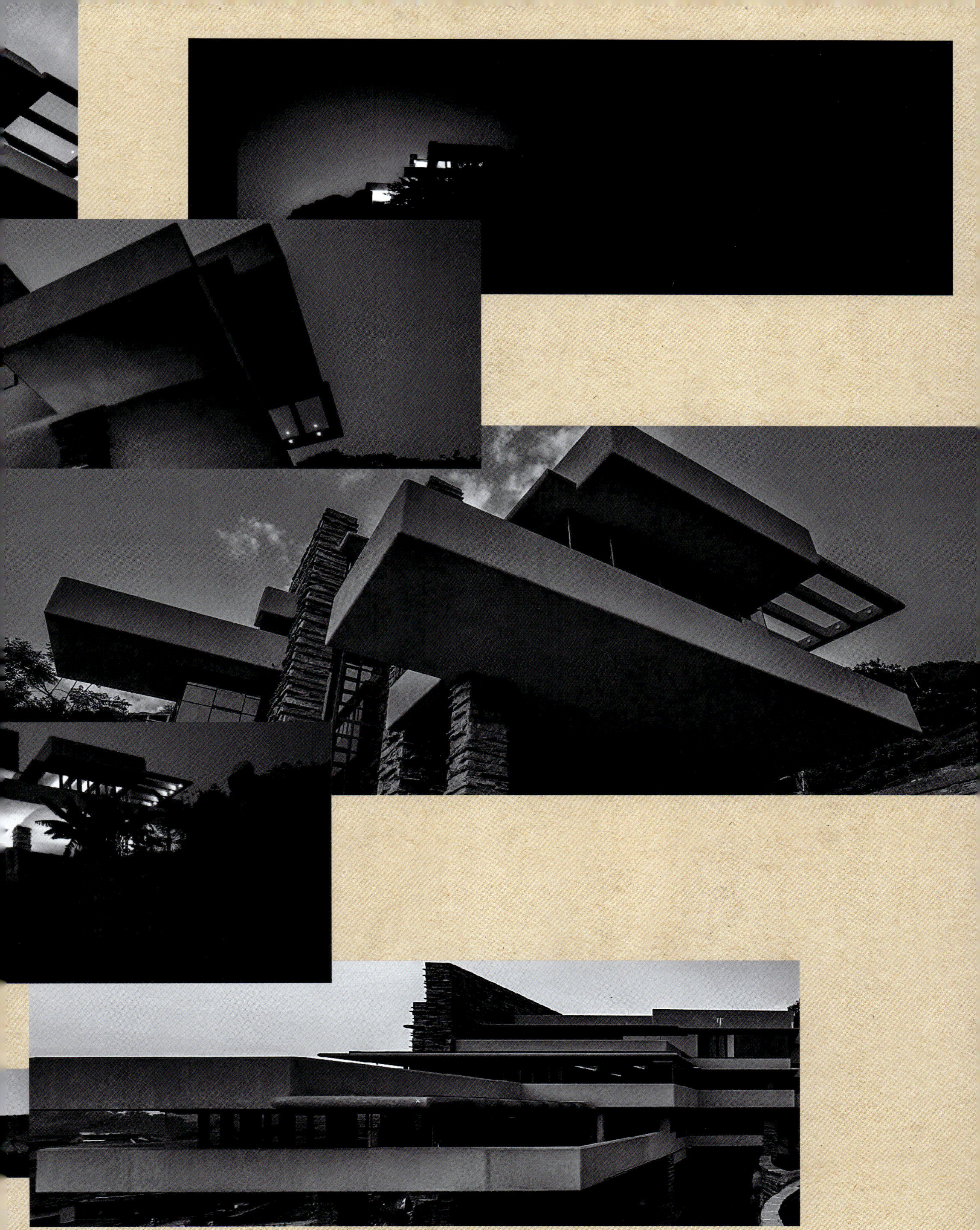

逸·庄 建筑内室 2000—2005

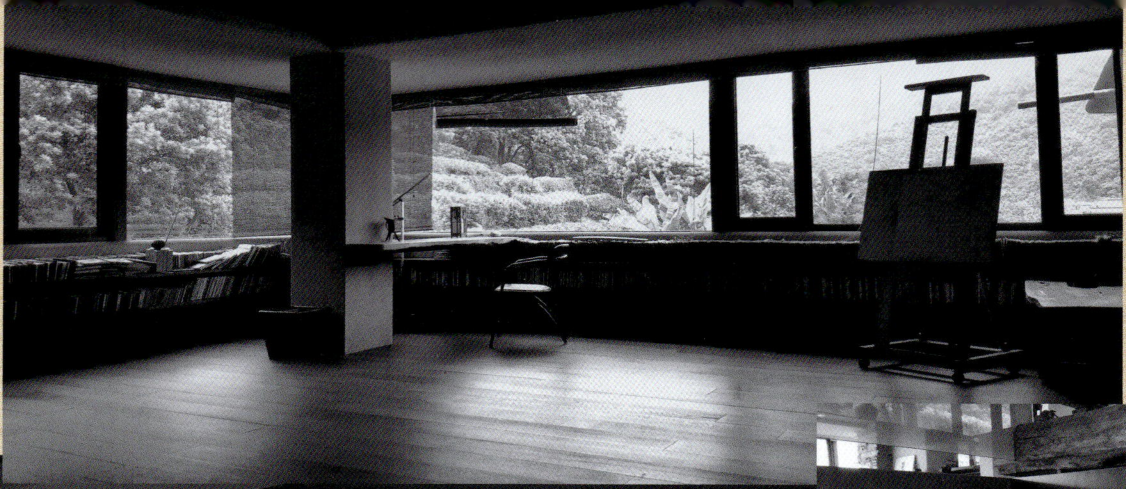
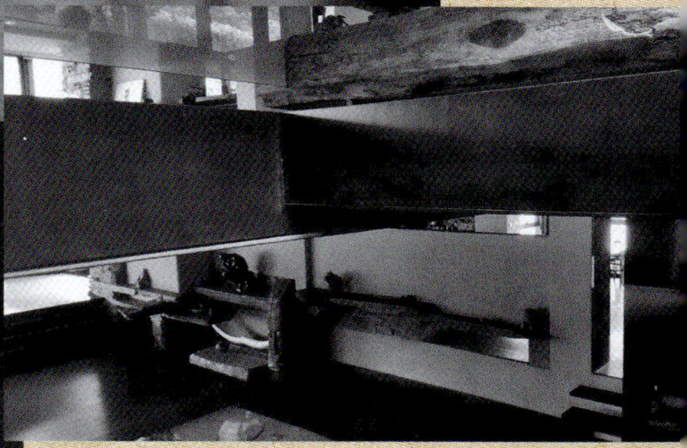
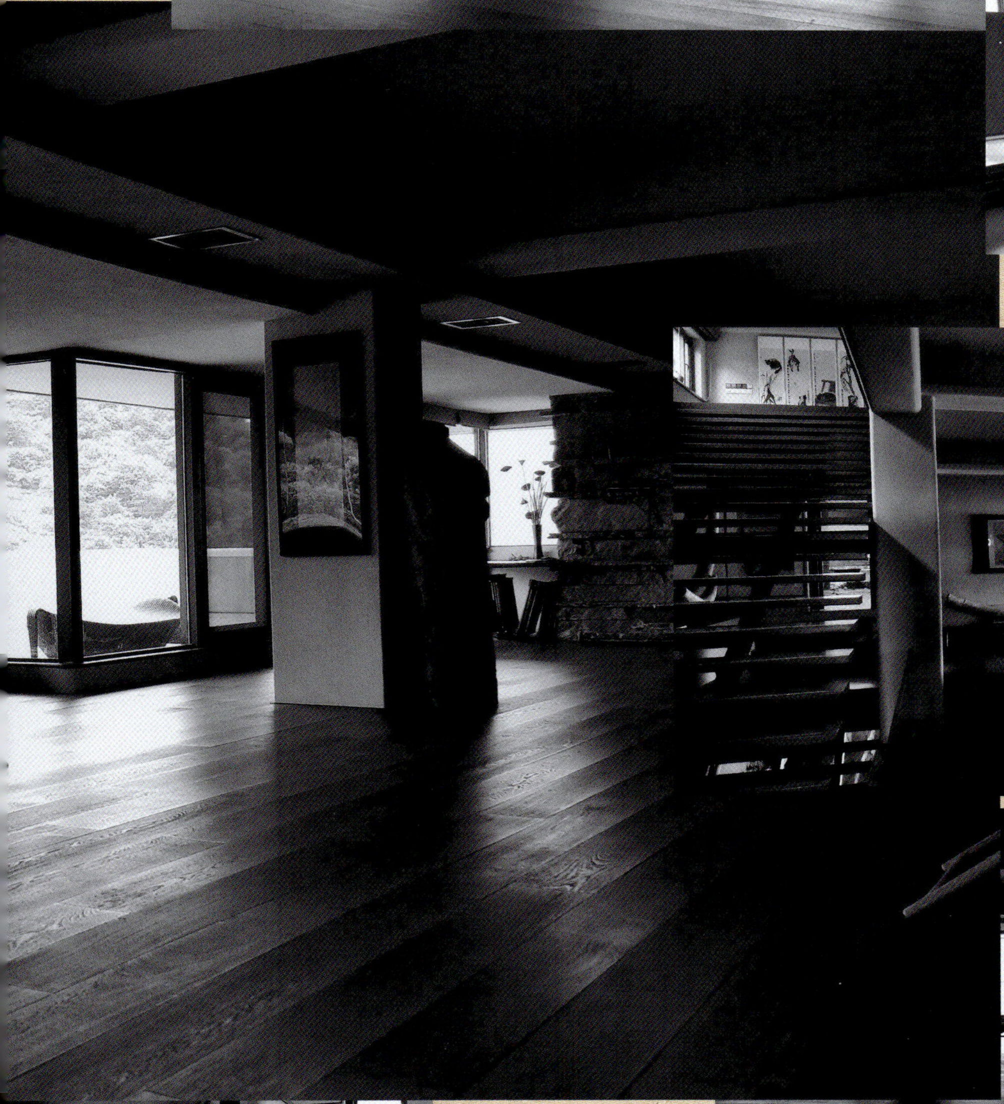
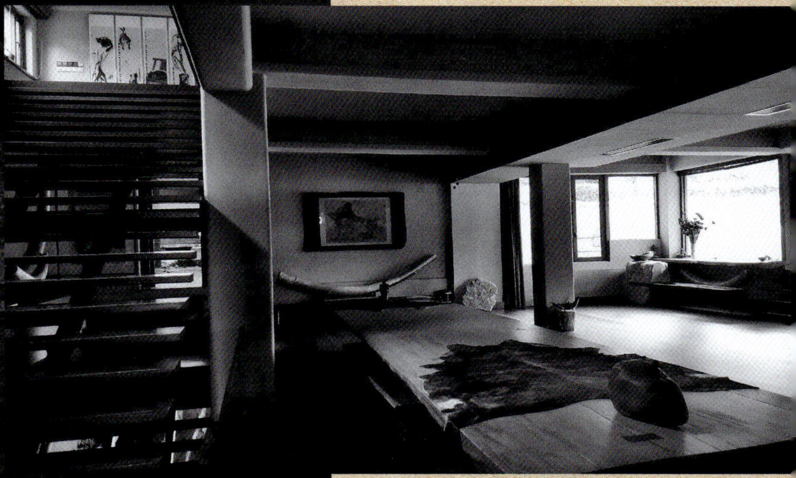
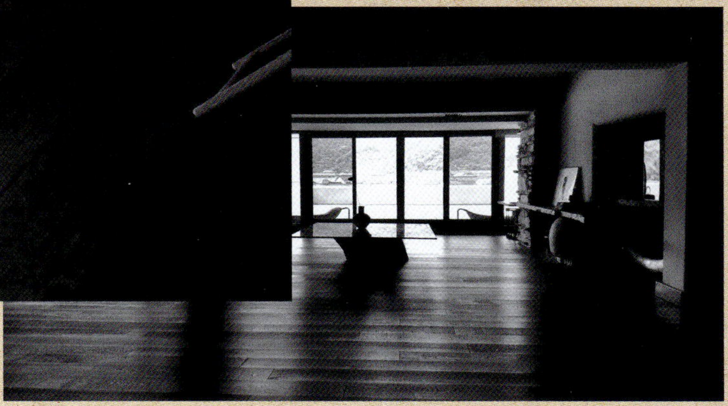
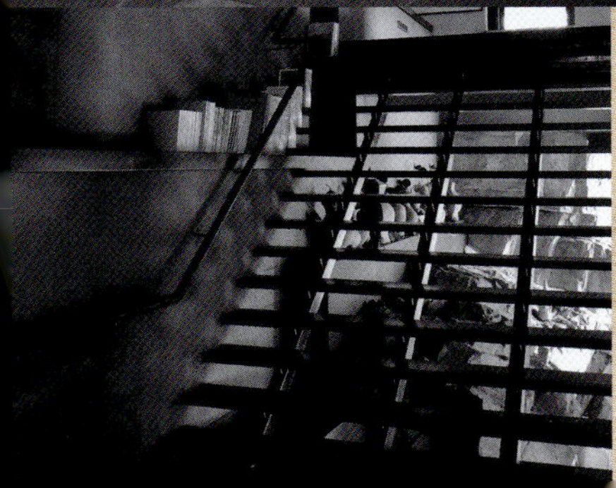

出版著作／

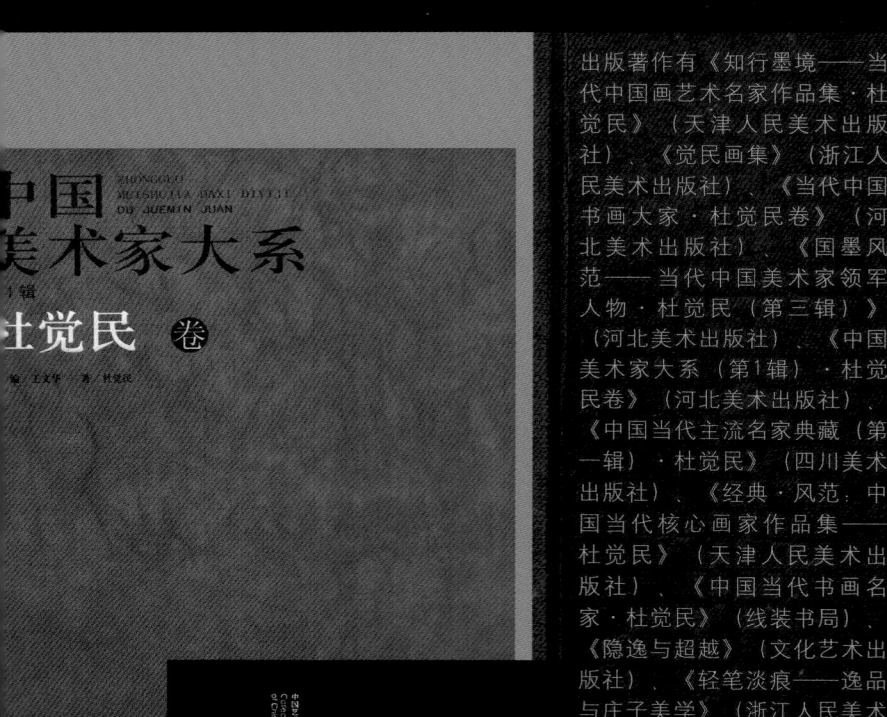

出版著作有《知行墨境——当代中国画艺术名家作品集·杜觉民》（天津人民美术出版社）、《觉民画集》（浙江人民美术出版社）、《当代中国书画大家·杜觉民卷》（河北美术出版社）、《国墨风范——当代中国美术家领军人物·杜觉民（第三辑）》（河北美术出版社）、《中国美术家大系（第1辑）·杜觉民卷》（河北美术出版社）、《中国当代主流名家典藏（第一辑）·杜觉民》（四川美术出版社）、《经典·风范：中国当代核心画家作品集——杜觉民》（天津人民美术出版社）、《中国当代书画名家·杜觉民》（线装书局）、《隐逸与超越》（文化艺术出版社）、《轻笔淡痕——逸品与庄子美学》（浙江人民美术出版社）、《杜觉民画集》（浙江人民美术出版社）、《杜觉民》（西泠印社出版社）、《中国当代画家——杜觉民》（中央文献音像出版社）、《杜觉民画集》（黑龙江人民出版社）、《乡村旧事——杜觉民画选》（中国文化出版社）等。

当代中国书画大家
杜觉民
卷

杜觉民人物作品精选

浙江人民美术出版社

DU JUE M[IN]
杜觉民
人物画作品集
REN WU HUA ZUO PIN JI
高等美术院校教
共八册

杜觉民
经典·风范
中国当代核心画家作品集

国墨风范
当代中国美术家
领军人物·杜觉民
GUOMOFENGFAN
DANGDAI ZHONGGUO MEISHUJIA
LINGJUN RENWU · DU JUEMIN
第三辑

知行墨
当代中国画艺术名
杜觉民

求学履历

1957年　出生于哈尔滨。父亲杜水泉当时在哈尔滨军事工学院工作，母亲周莲娣在秋林食品公司工作。
　　　　同年，父亲被错划为"右派"，遣返回祖籍浙江省萧山所前杜家村劳动改造。
1963年　跟随母亲返回杜家村。
1964年　入学杜家小学。
1968年　小学四年级辍学，父亲认为整个家族的衰败是由于读书，故家中无书，借来读的小说，父亲见到会烧毁。后来听母亲说小学的裘老师步行五里路来家和父亲谈，希望让觉民继续上学。父亲态度坚决，从此失学了。
1969年　在第三生产队放牛，初次放牛，见牛有恐惧感！但在放牛期间，常在小朋友家中借书在山上阅读，当时读了很多当地能借到的旧小说！
1972年　转向绘画，开始用九宫格，炭精粉画照片。
1975年　表哥章伯安（上海美术专科学校毕业）来家做客，给讲解示范，才知道有素描、速写。随后寄来一本《工农兵头像选》画集。
1976年　参加萧山文化馆举办的工农兵创作班，认识几个画友，孙永、戎念竹等。
1977年　进萧山酿造厂做临时工，业余时间大量画画。
1979年　父亲被平反。
1980年　想考大学，遭到父亲竭力反对。
1981年　偷跑出去参加高考，当年浙江美术学院国画系不招生，转而报考浙江丝绸工学院（现为浙江理工大学）美术与品种设计专业被录取。
1982年　对专业设计不感兴趣，苦闷，画些小构图贴在墙上，被系主任找去谈话，批评不安心专业。
1985年　毕业，在校门口站着思索，出校门后怎么办？下了两个决心：一是不做设计工作，二是一定要画画。
　　　　同年，被分配至萧山花边厂设计室工作，在工作时间不许画画，不准读书。无聊，晚上画画，上班常迟到，扣钱。一次领工资被扣至仅剩三块钱。
1992年　考取广州美术学院国画系硕士研究生，导师为陈振国教授。
1993年　去大凉山写生半年，大病一场。
1994年　想画脑子里在凉山的印象，花了一年半时间画了《旧痕》作为毕业创作。
1995年　毕业获硕士学位，《旧痕》获奖。
　　　　同年，被分配至浙江画院任专职画师。
2003年　考取中央美术学院首届博士研究生，导师为李少文教授。
2007年　毕业，获博士学位，并留校任教至今。

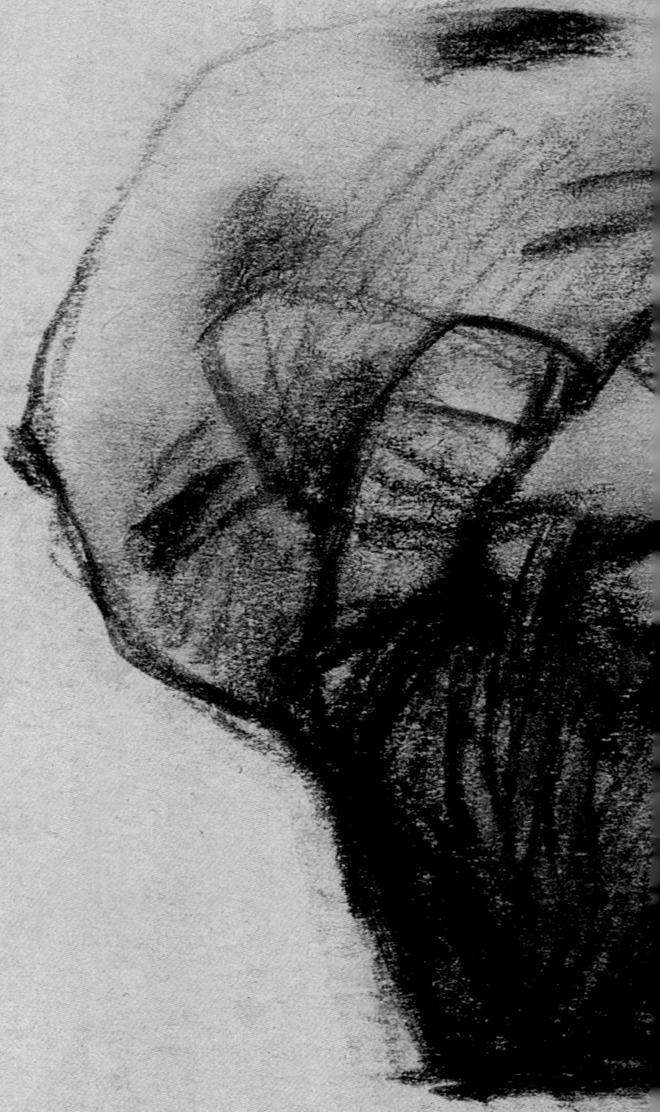

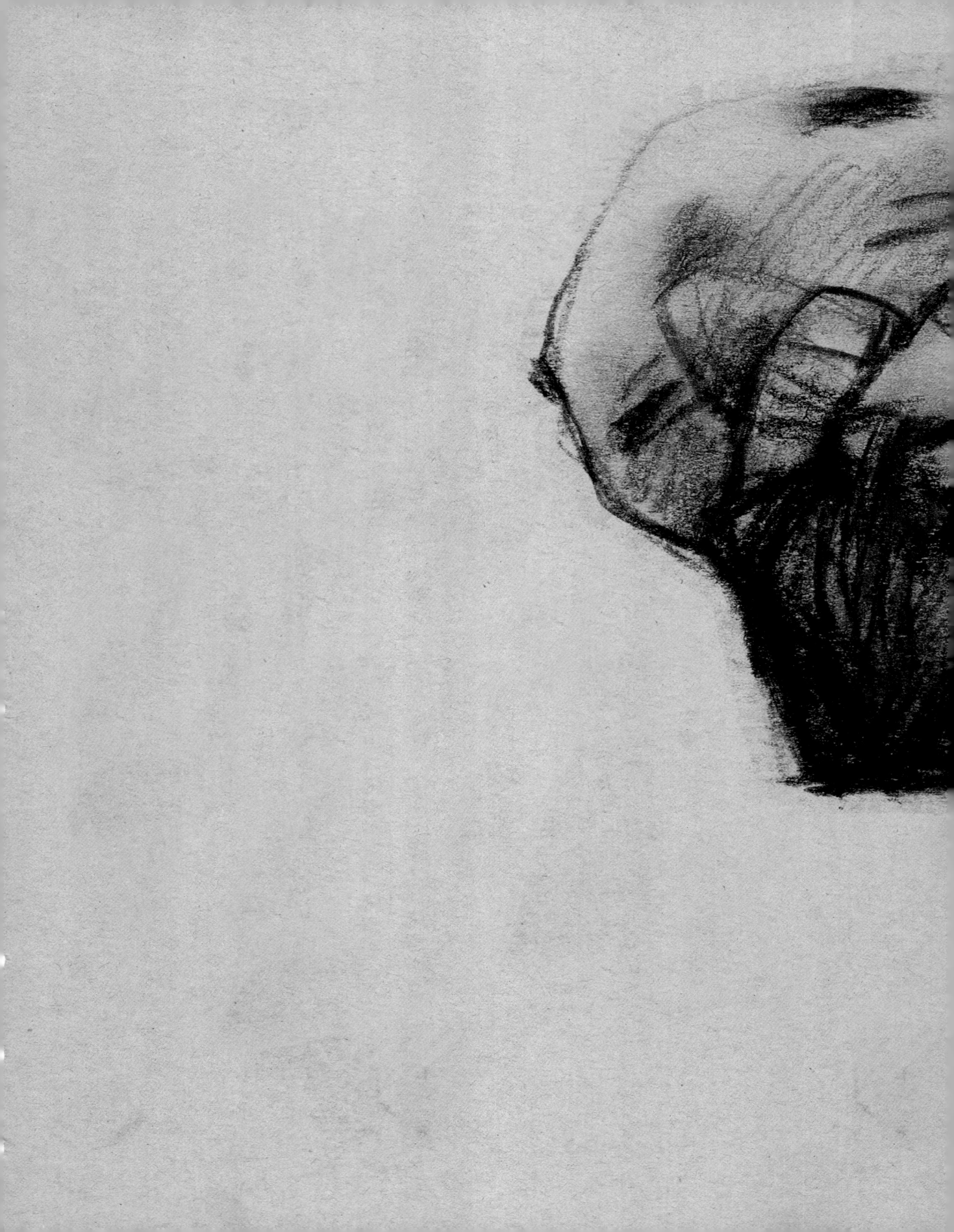

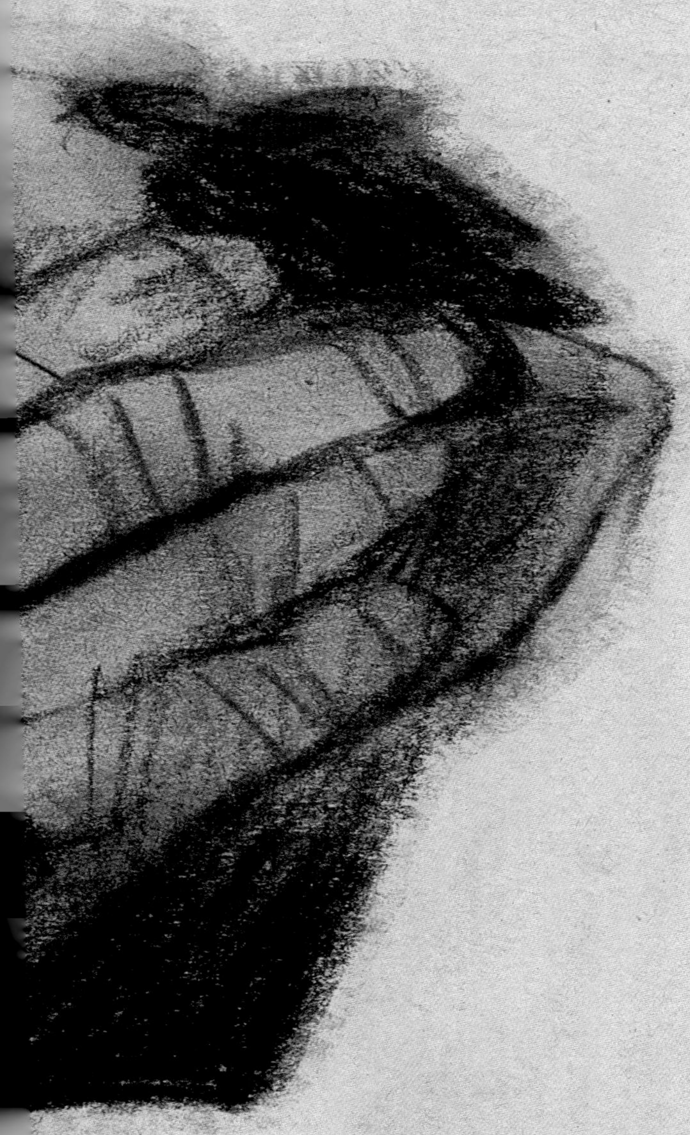

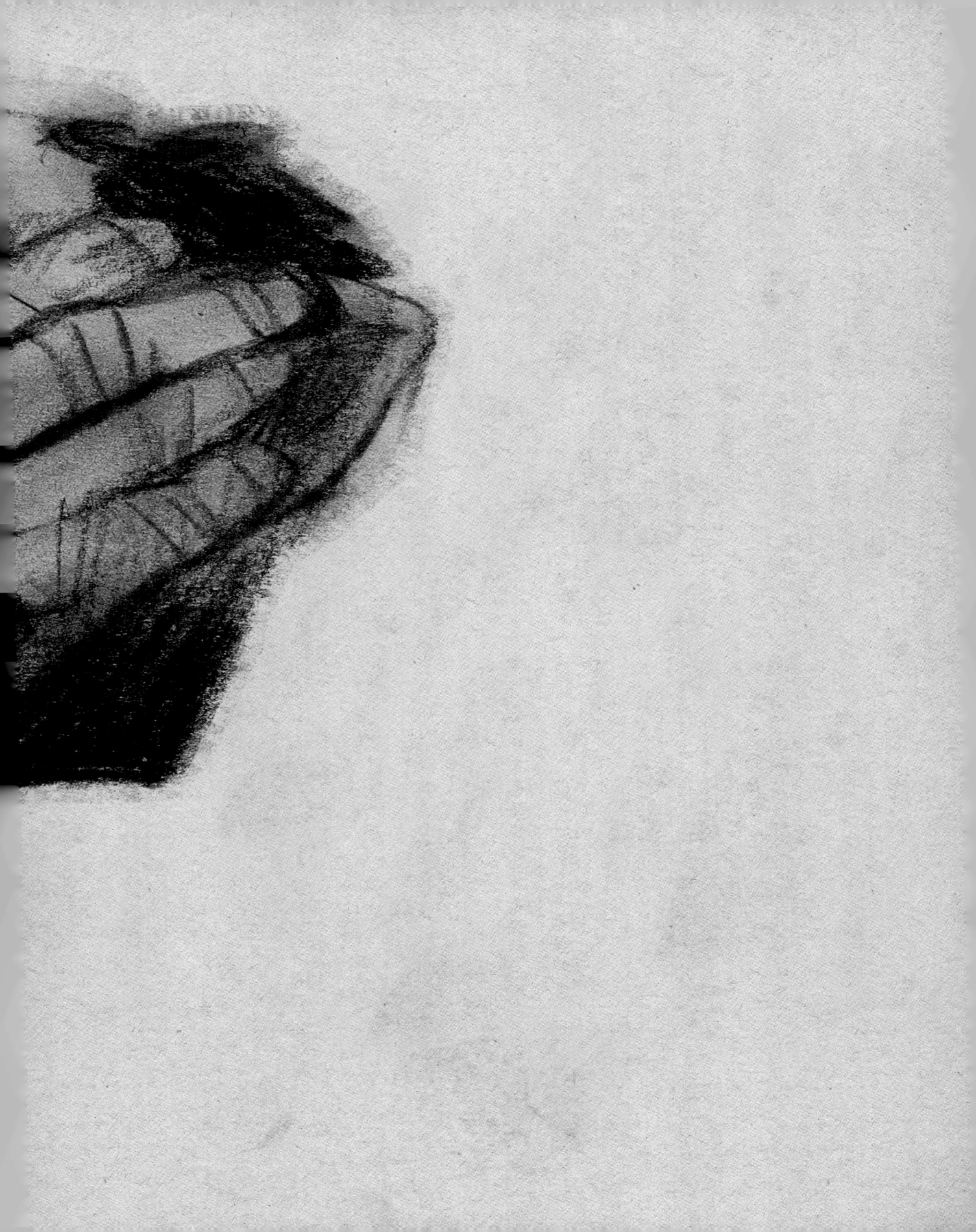

与同学、好友、学生在一起

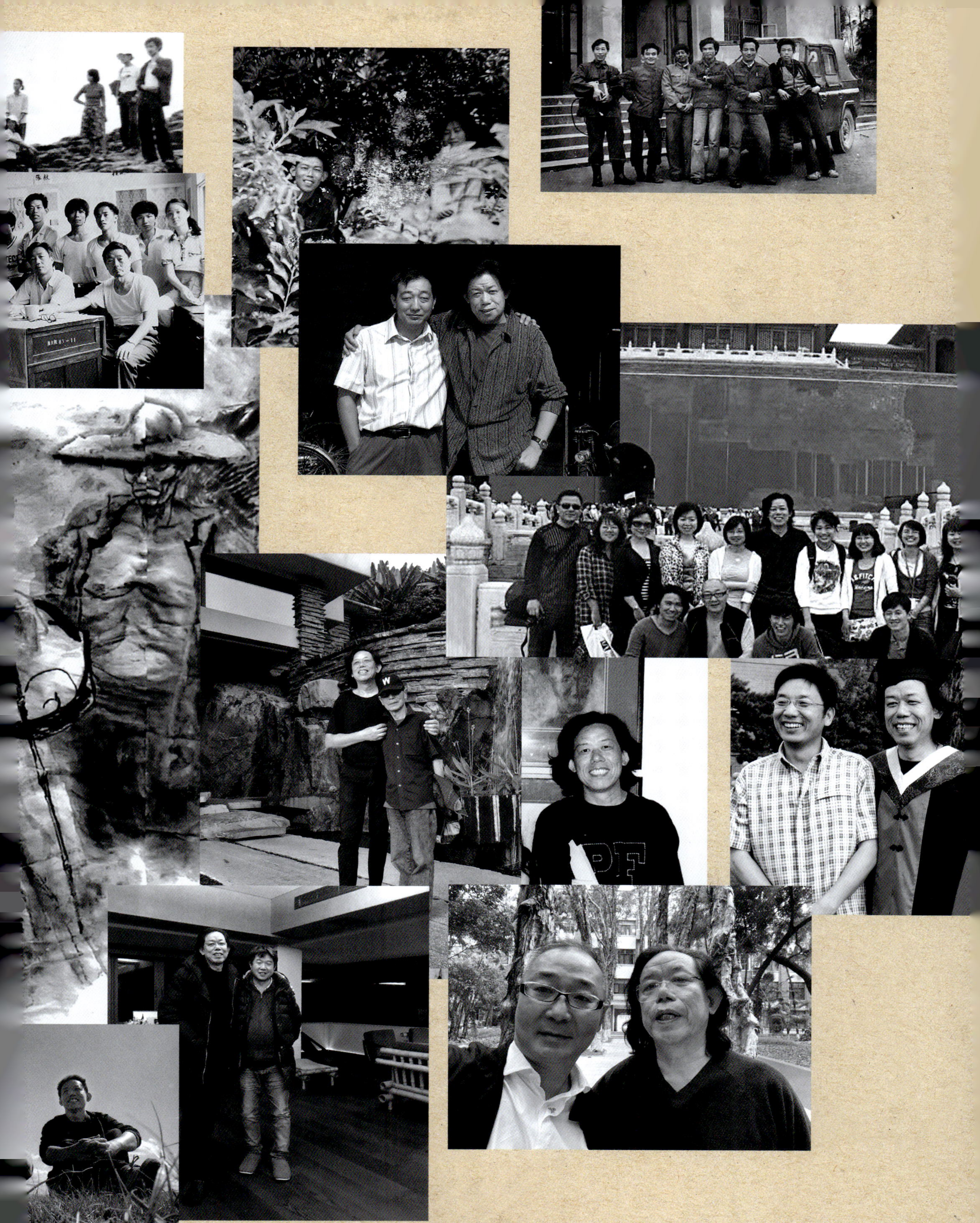

与同学、好友在一起

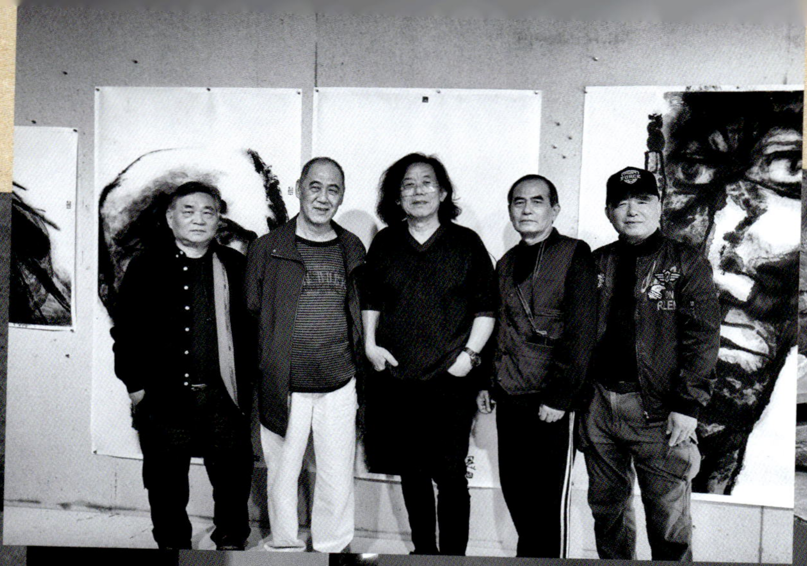

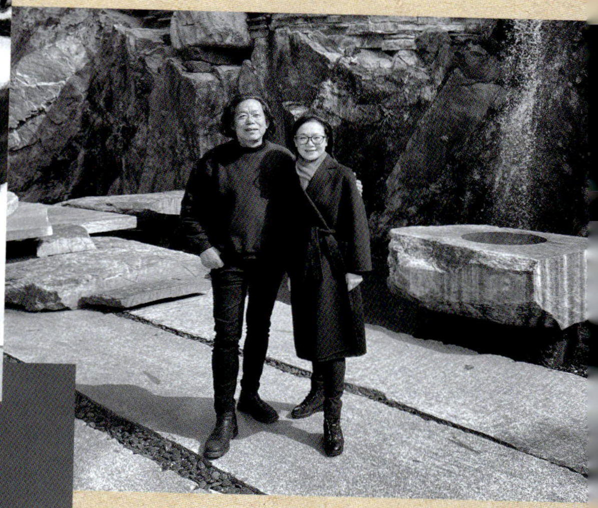

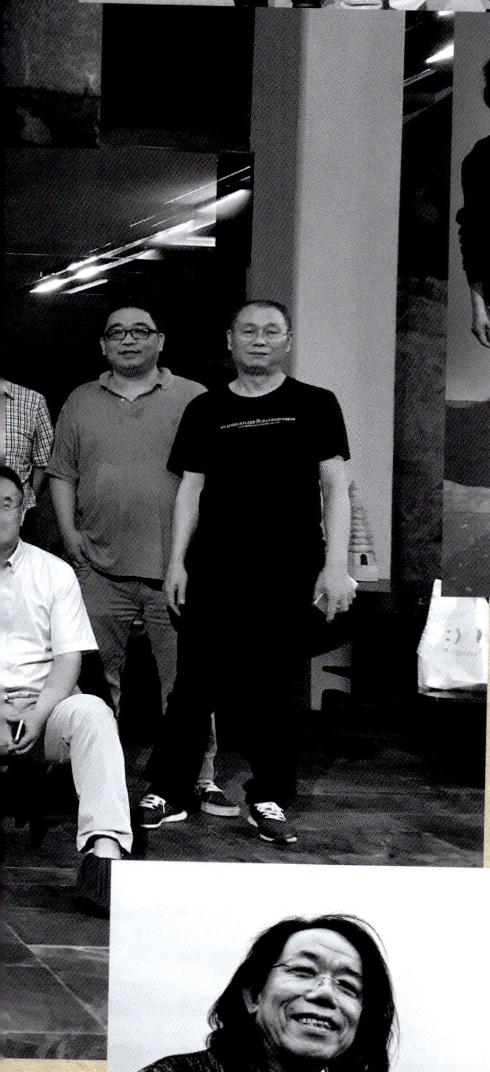

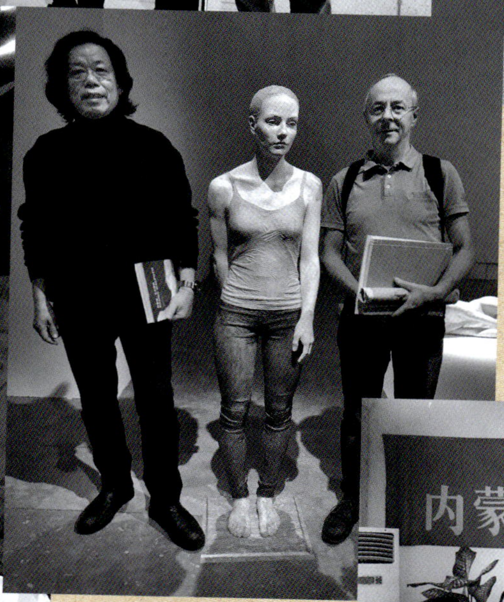

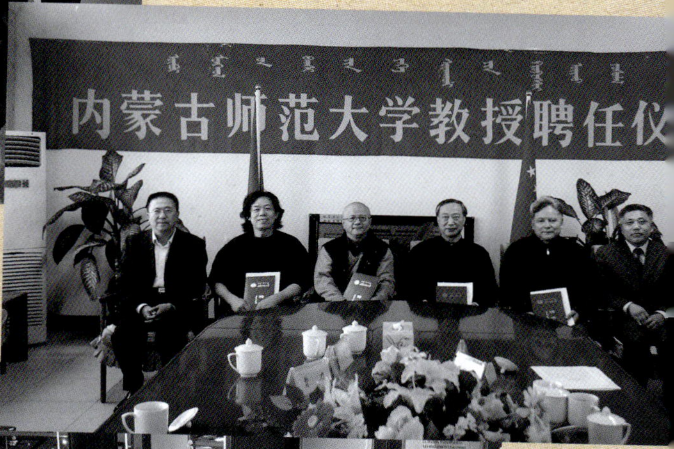
内蒙古师范大学教授聘任仪

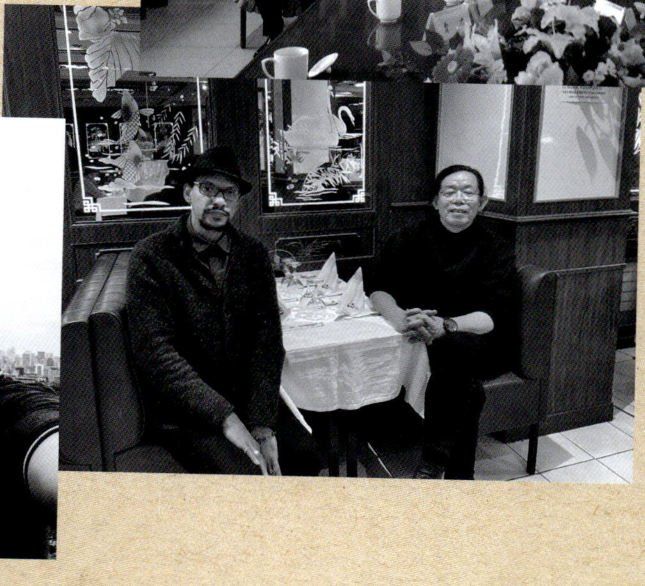

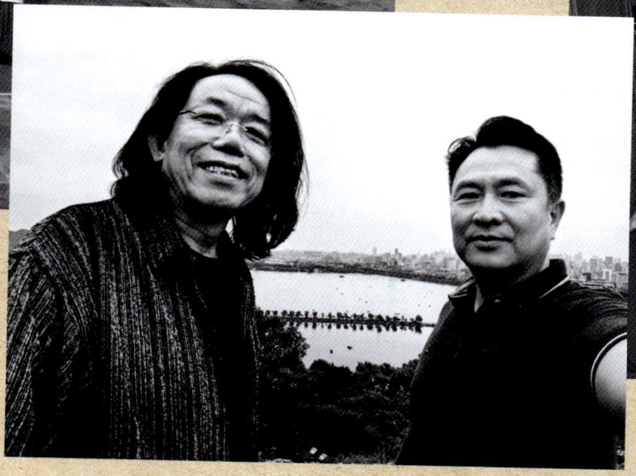

展览现场

闵学林、杜觉民水墨浙江省巡展—嘉兴站

与博士研究生导师李少文先生

与硕士研究生导师陈振国先生

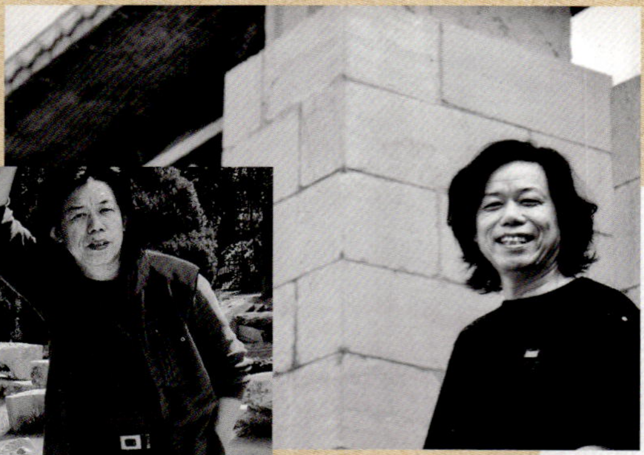
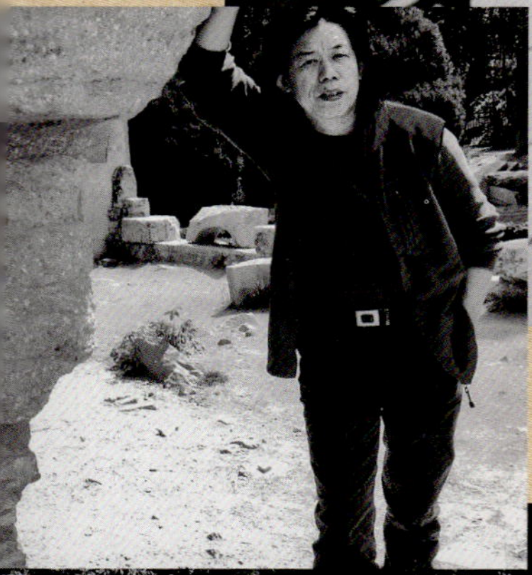
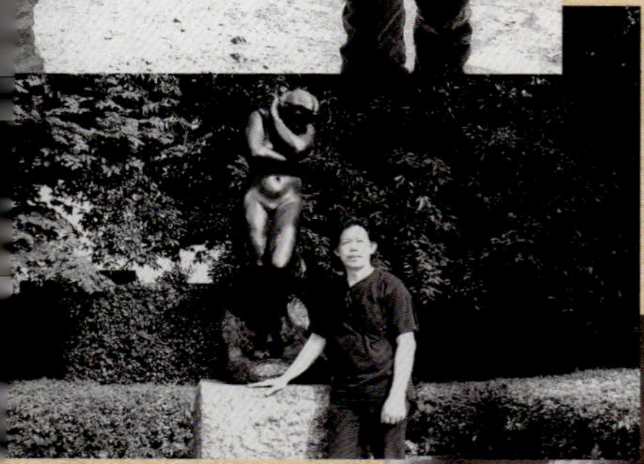
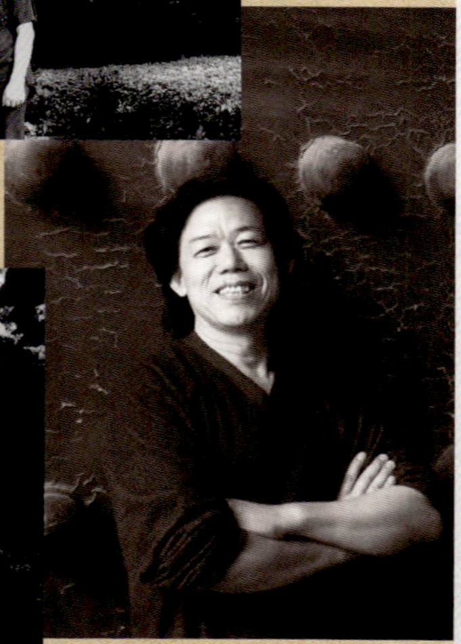
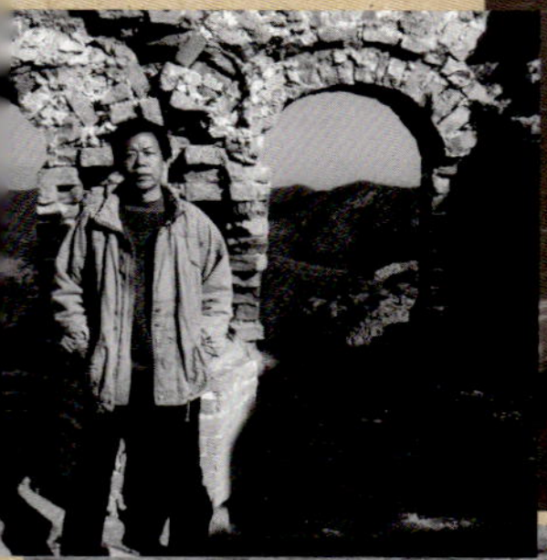
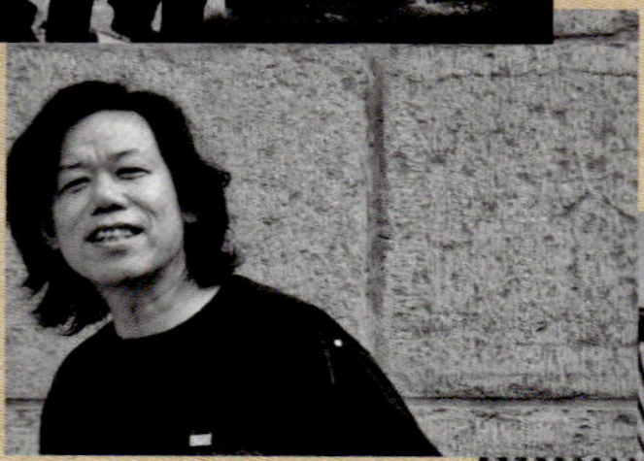
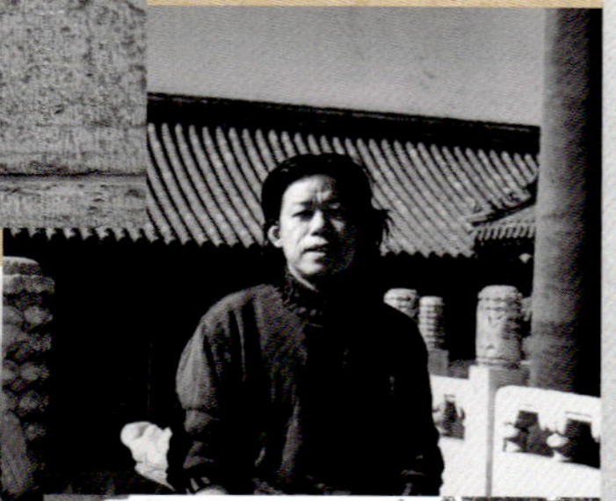
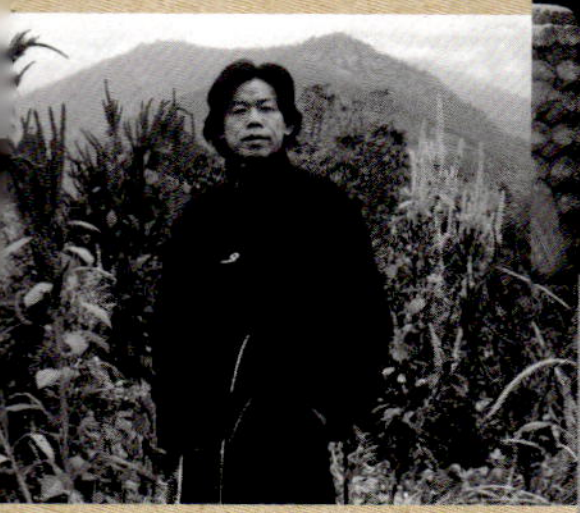
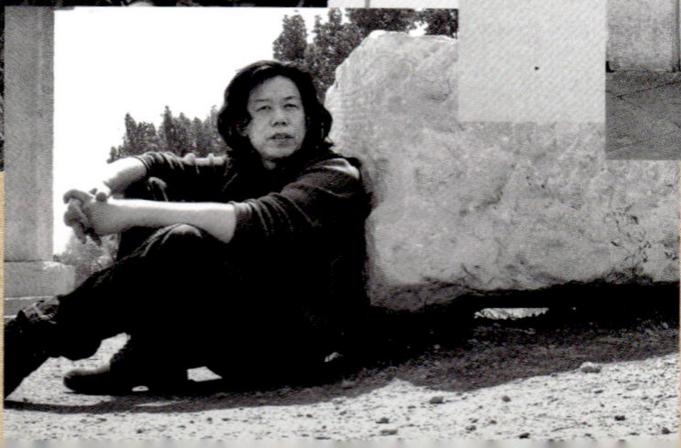
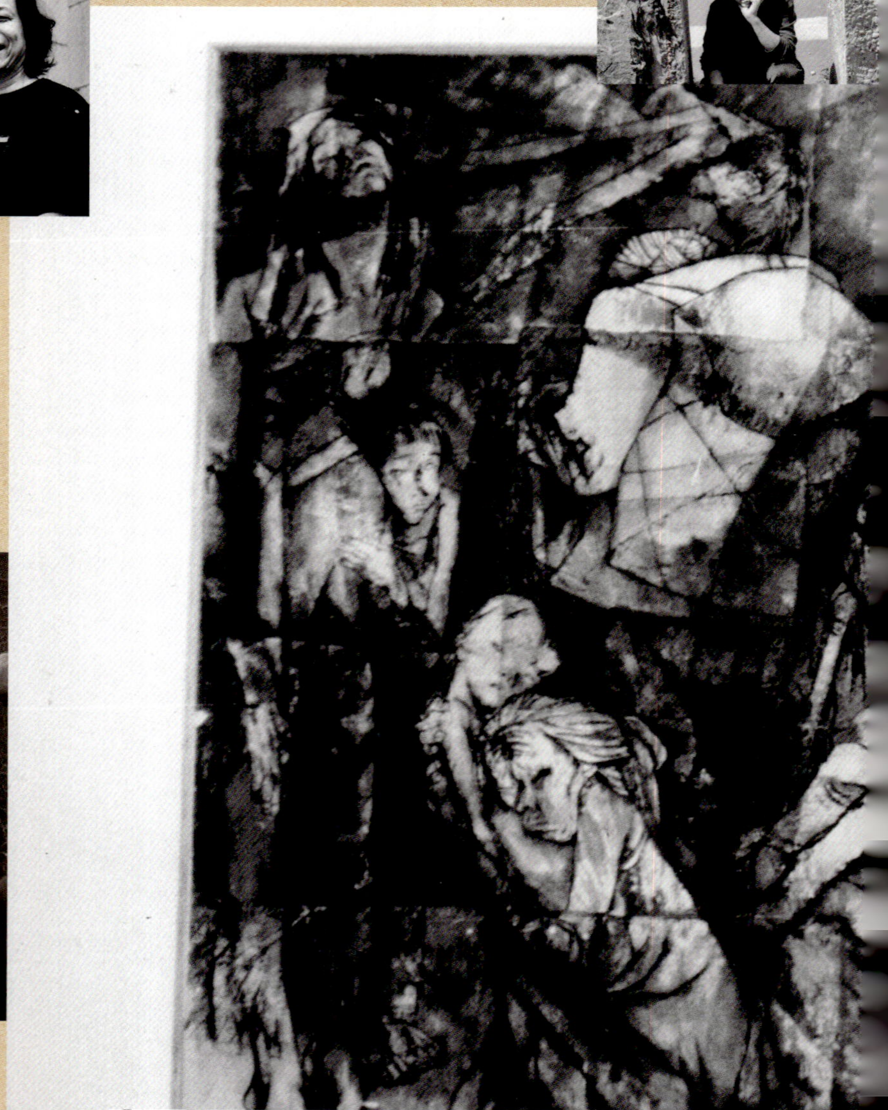
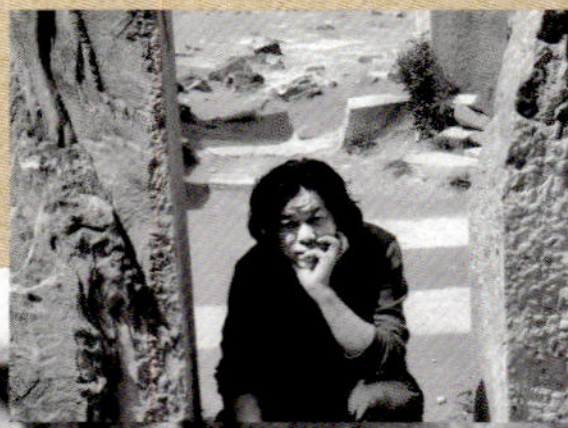
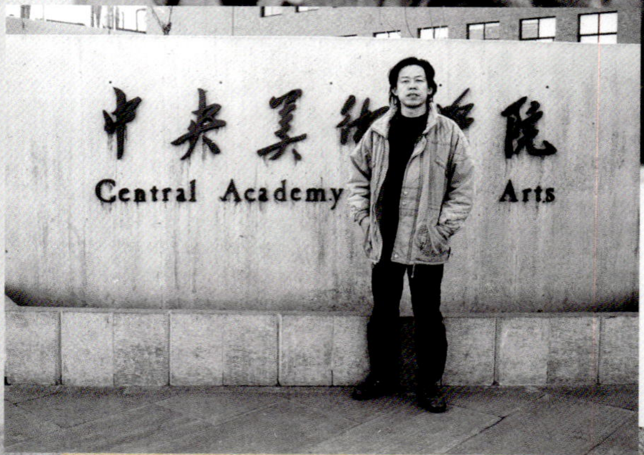
中央美
院
Central Academy
Arts
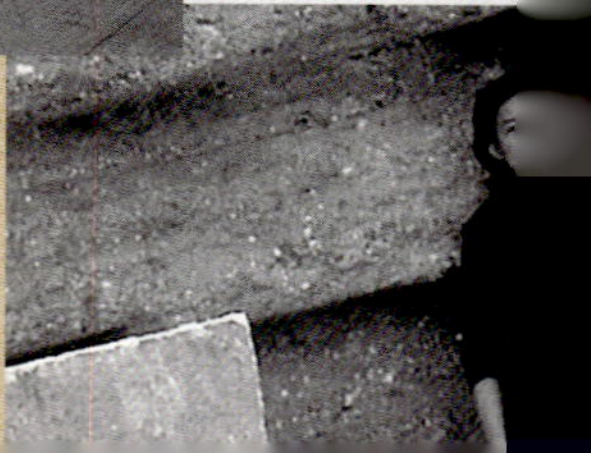

求知

游历

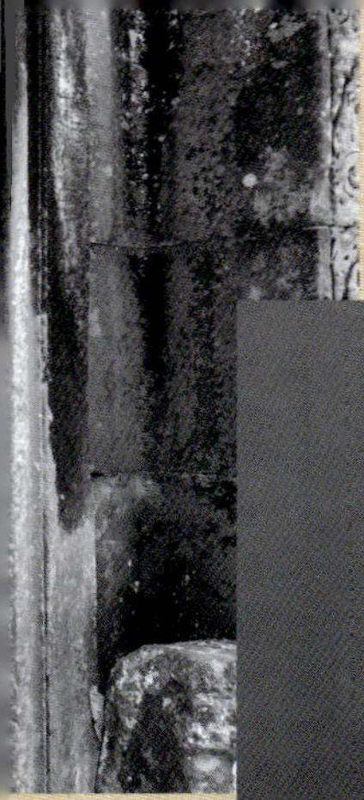
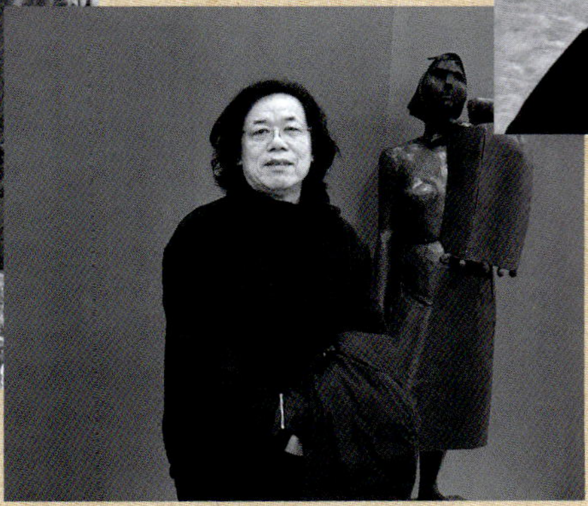
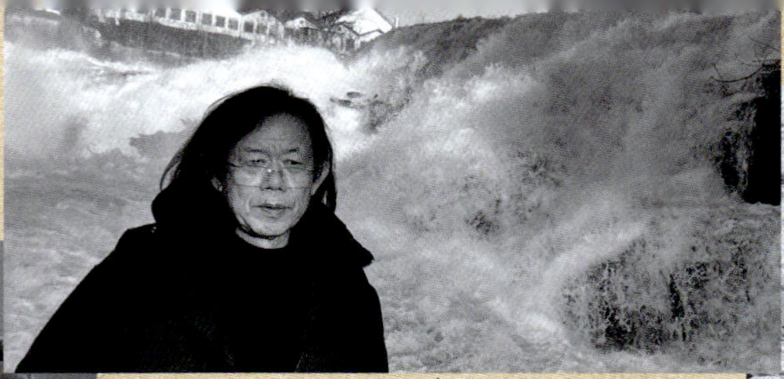
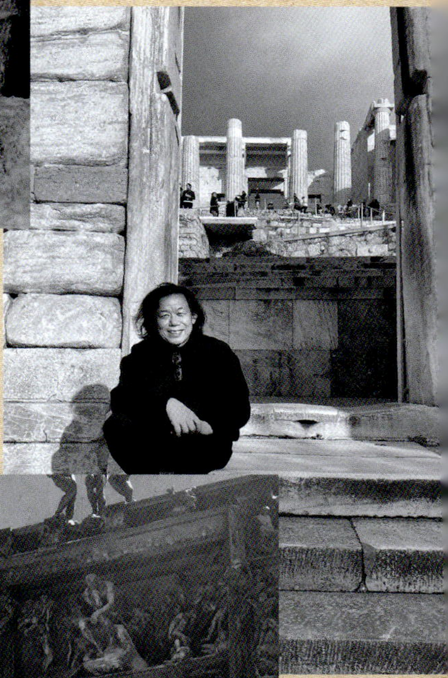
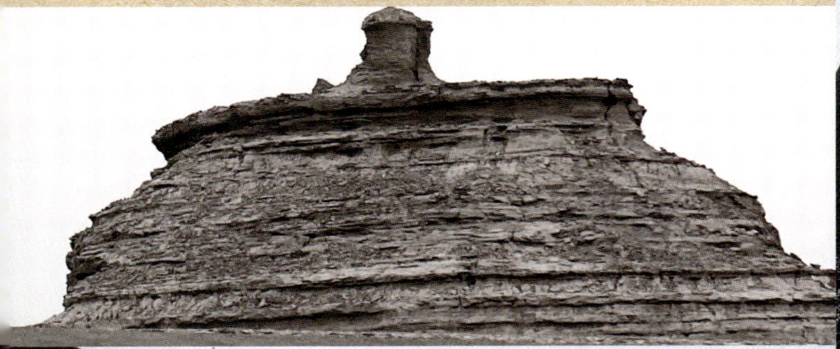
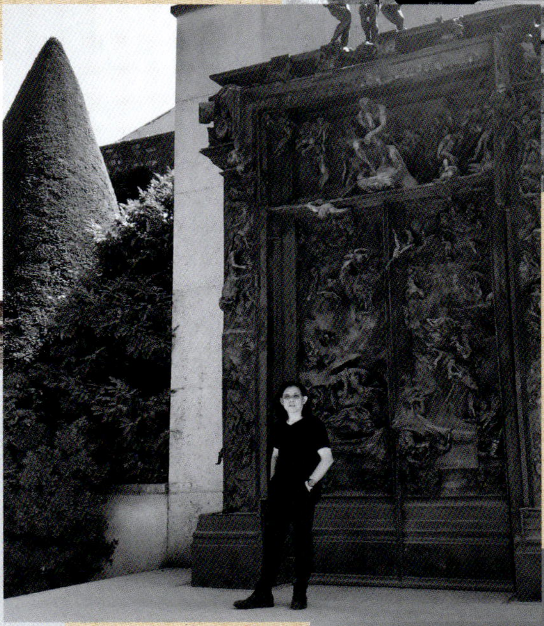
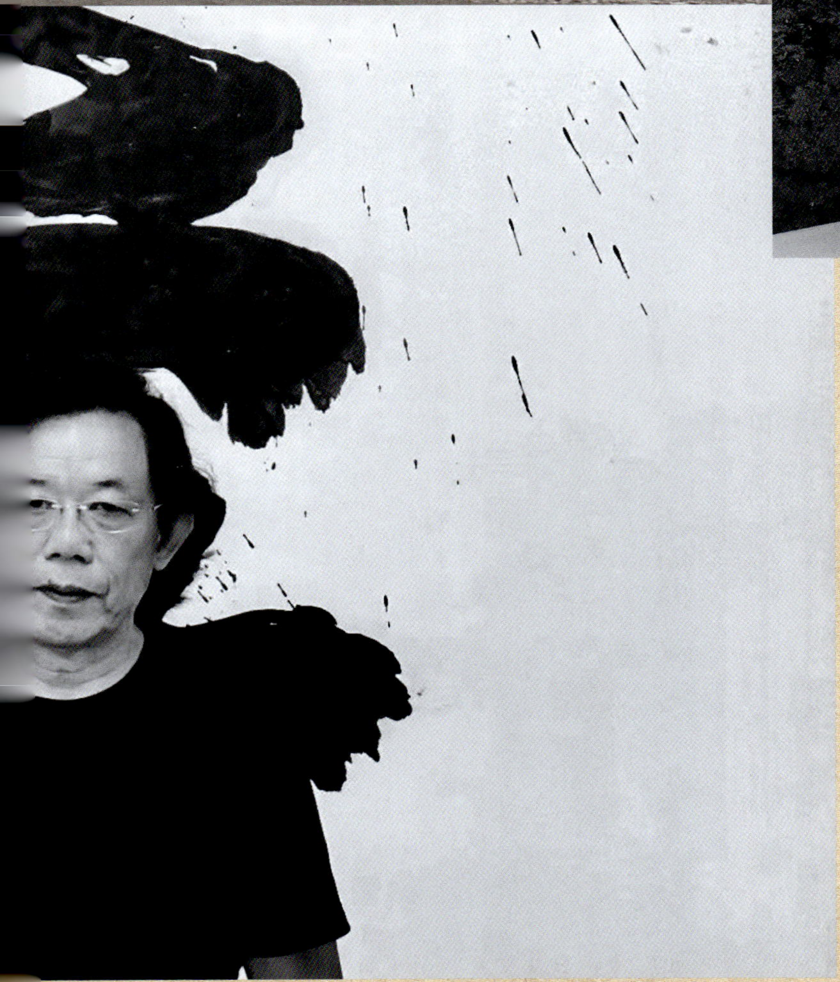
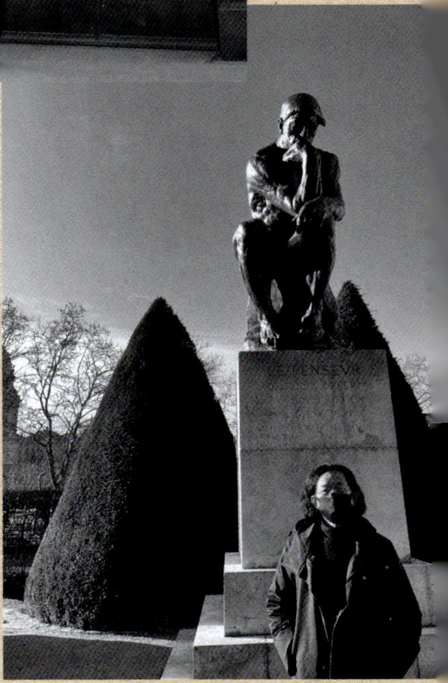

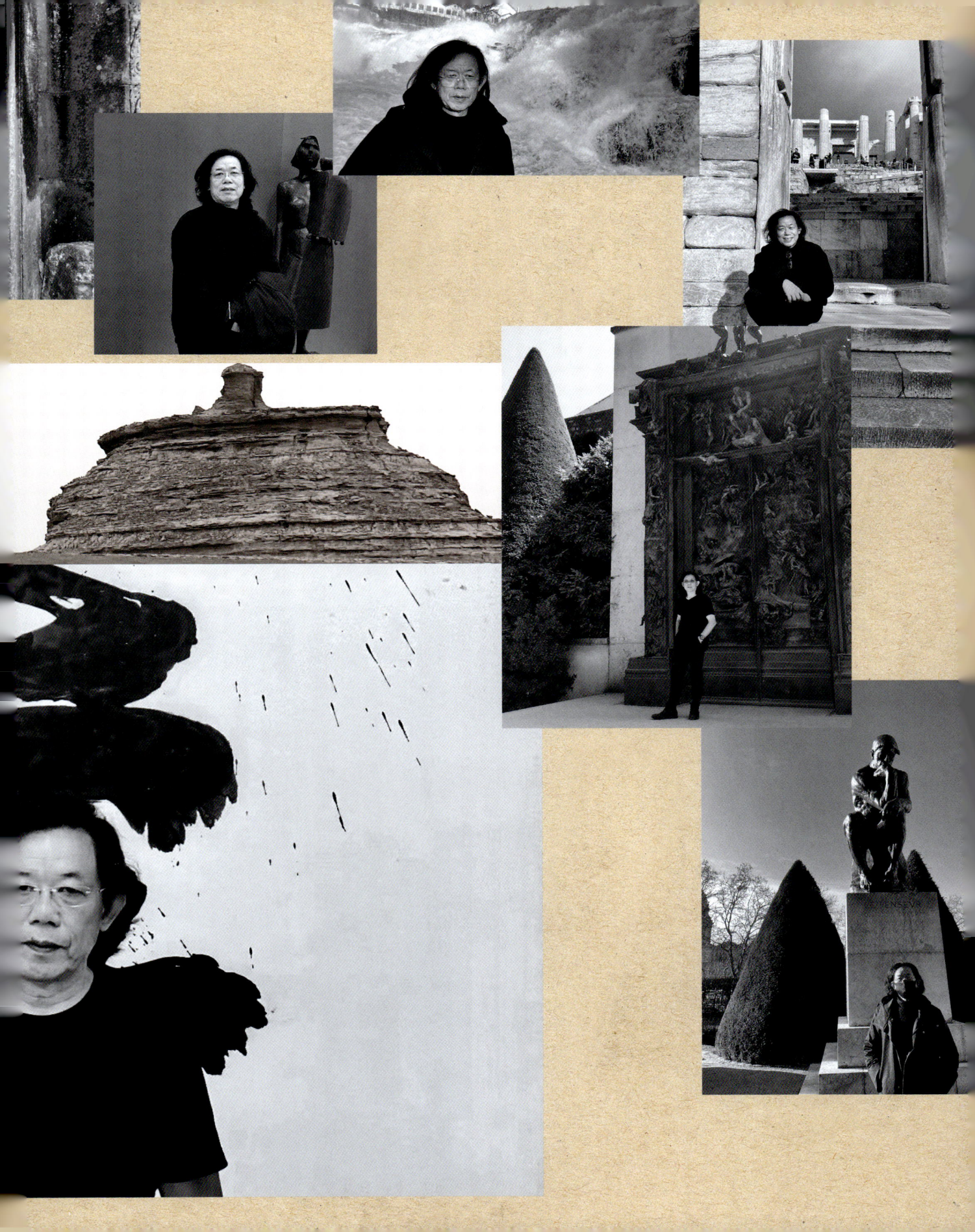

家人

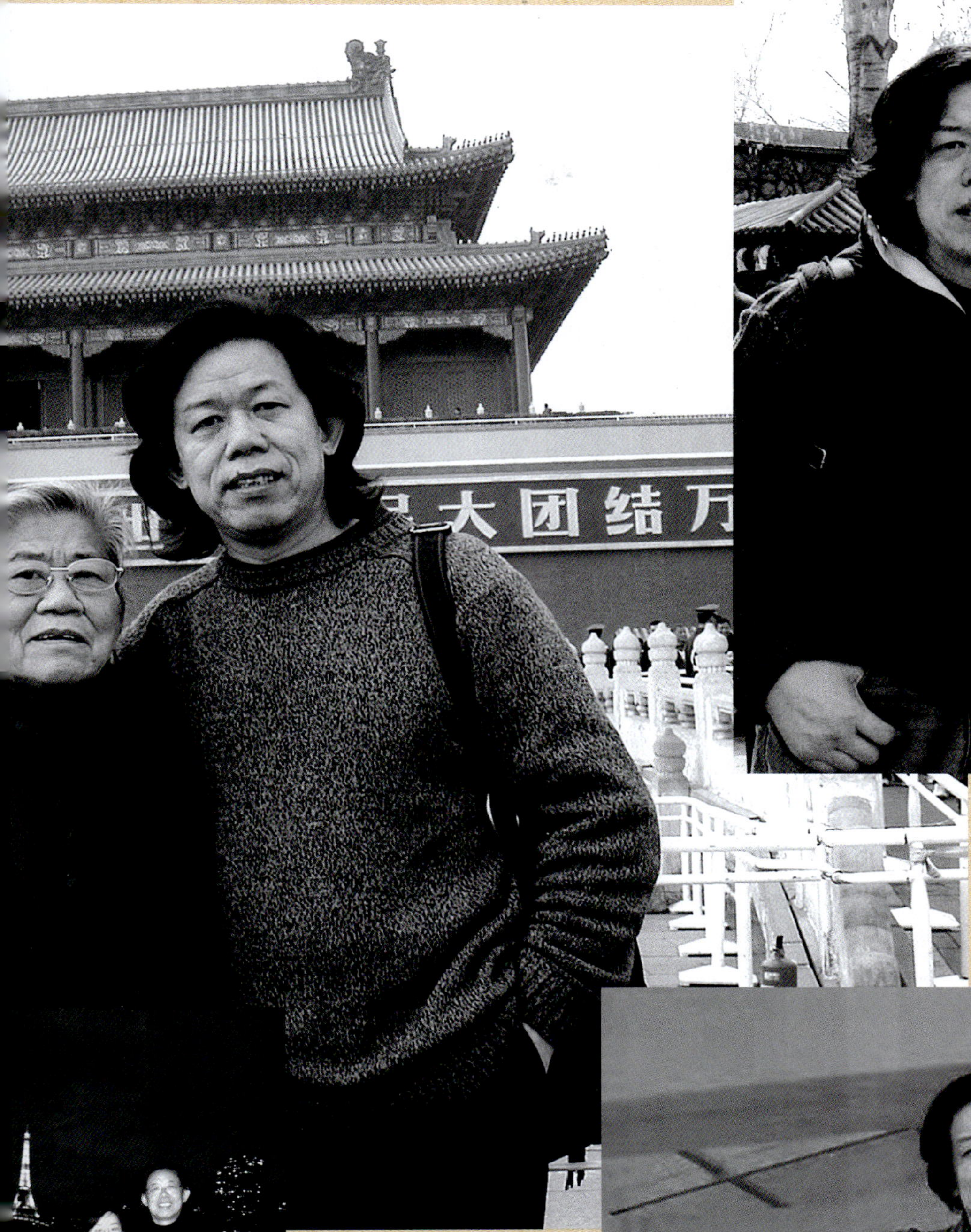
大团结万

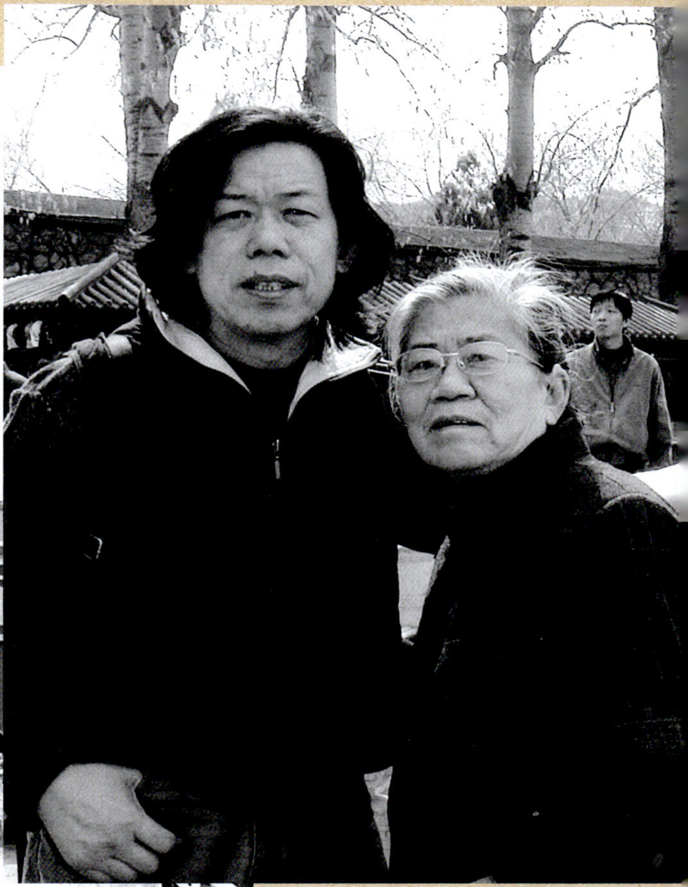

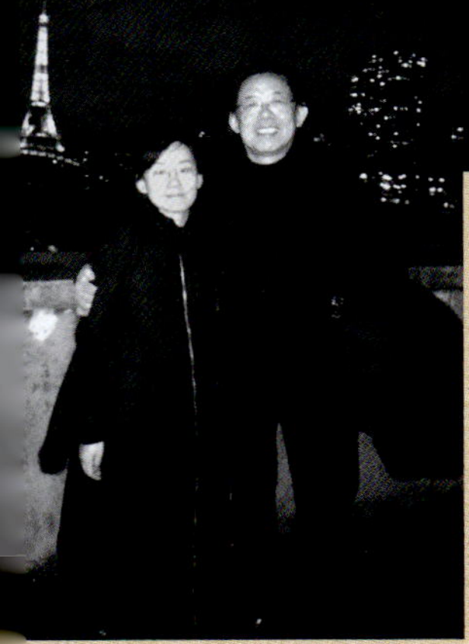

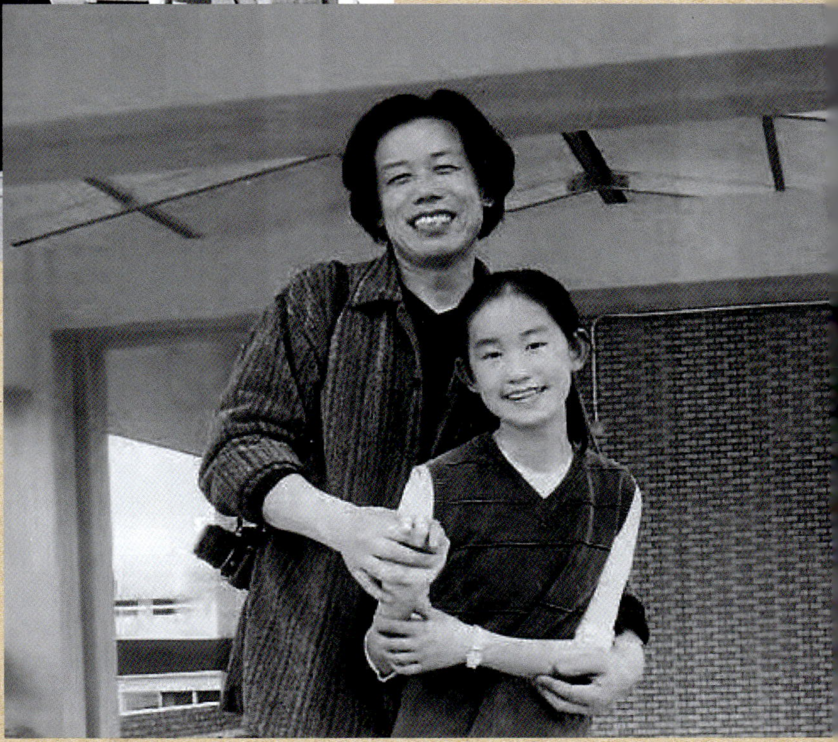

特别感谢以下单位大力支持
画友会馆
当代中国画艺术生态研究所
大观书巢
"子游派"
"幸会纪"
逸庄·泉水别墅